GRADUATION DESIGN CONTEST
2021

埼玉建築設計監理協会主催　第21回 卒業設計コンクール　**作品集**

JN055206

総合資格学院

は じ め に

　建築系大学生の奨励事業として始めた卒業設計コンクールも第21回を数えることとなりました。コロナ禍、そして緊急事態宣言の発令の中、昨年は断念せざるを得ませんでしたが、学生達の努力に応えようと、今年は新しい試みでありますが、コロナウイルス感染対策を考慮しオンライン（WEB）で実施することといたしました。

　まずは、ご協力・ご協賛を賜っております埼玉県、さいたま市、当協会の賛助会員の皆様、関係各位、そしてコロナ禍の中、特別審査委員長の岩城和哉先生をはじめ、各大学の指導して下さった先生方に深く感謝とお礼を申し上げます。

　既に周知されていると思いますが、このコンクールには副賞として埼玉県知事賞に30万円、協会賞に20万円の研修旅行の目録が授与されます。WEB上での一次審査を終了し、当日最終審査に選ばれた作品の出展者は、自宅などからインターネットを通じて会場のスクリーンにプレゼンテーションをし、それぞれの賞が選定されました。この審査の様子を参加した学生達もリモートで見る事ができるようオープンにして、公正を期することといたしました。

　作品は現代の世相を反映してか、SDGsへの問題提起や少子高齢化により活力を失う市町村・団地・商店街の再生、しいては地域の過去を見つめ、歴史を掘り起こし、価値を創造し、地域の活性化に繋げようとするなど力作が多くありました。いずれにしても、オンラインでの審査は未体験でしたが、学生達の集大成への奨励事業を無事に取り行うことができ、ほっとした安堵感がコンクール終了後に関係者に漂いました。

　結びに、卒業設計コンクールのオンラインによる開催に、その蓄積したノウハウを企画から当日のオンラインでの運営までご尽力を賜り、ご協力頂きました総合資格学院に心から感謝とお礼を申し上げます。又、本コンクールの作品をまとめ、作品集として無償で発行を引き受けて下さいました、岸隆司学院長及び、同出版局の皆様に重ねてお礼申し上げます。

（一社）埼玉建築設計監理協会 会長　　田中 芳樹

MESSAGE

協 賛 お よ び 作 品 集 発 行 に あ た っ て

ハイレベルなスキルと高い倫理観を持つ技術者の育成を通じ、安心・安全な社会づくりに貢献する——、それを企業理念として、私たち総合資格学院は創業以来、建築関係を中心とした資格スクールを運営してきました。昨今、「労働人口の減少」は社会全体の問題となっており、建設業界の「技術者」の不足が深刻化しています。当学院にとっても、技術者不足解消は使命であると考え、有資格者をはじめとした建築に関わる人々の育成に日々努めております。

その一環として、将来の活躍が期待される、建築の世界を志す学生の方々がさらに大きな夢を抱き、志望の進路に突き進むことができるよう、さまざまな支援を全国で行っております。卒業設計展への協賛やその作品集の発行、就職セミナーなどは代表的な例です。

本年も、埼玉建築設計監理協会主催 卒業設計コンクールに協賛し、本コンクールをまとめた作品集を発行いたしました。今回で21回目を迎えた歴史ある本コンクールは、本年も地域の課題に意欲的に取り組んだ作品が多く出展されました。コロナウイルス感染対策のためオンライン（WEB）開催となり、制約のある中での審査となりましたが、学生の皆様の4年間の成果である卒業設計を、特別審査委員長の岩城和哉先生からのコメントとともに、このように記録に残すことができました。本作品集が広く社会に発信され、より多くの方々に読み継がれることを願っております。

近年の建築・建設業界は人材不足が大きな問題となっていますが、さらに、人口減少の影響から、社会の在り方が大きな転換期を迎えていると実感します。特に、コロナ禍においては、私たちの生活や社会の仕組みが変化せざるを得ない状況となりました。そのような状況下で建設業界においても、建築家をはじめとした技術者の役割が見直される時期を迎えています。本設計展に参加された学生の方々、また本作品集をご覧になった若い方々が、時代の変化を捉えて新しい建築の在り方を構築し、高い倫理観と実務能力を持った建築家そして技術者となって、将来、家づくり、都市づくり、国づくりに貢献されることを期待しております。

総合資格学院 学院長　岸　隆司

CONTENTS

埼玉建築設計監理協会主催 建築系学生奨励事業
第21回 卒業設計コンクール 概要

［主 旨］

昨今の都市計画や建築デザインにおいても、ICT革命時代にふさわしい斬新な発想が求められている。そのような中、新しい世紀の第一線で活躍が期待される建築系学生の能力向上、育成を図る目的で、次代を先取した意欲ある作品を募集し、若い学生たちの考える創造価値と熱意を奨励する。

［テーマ］

地元「埼玉」について積極的に考え、課題を掘り起こした作品を広く募集するとともに、各人の選定した自由テーマとする。

［募集作品］

①埼玉をテーマとした作品（埼玉県知事賞対象候補）
②自由作品
上記の分類による都市や建築デザインをテーマとした個人作品の卒業設計を対象とする。

［参加校］

工学院大学／芝浦工業大学／東京電機大学／東京理科大学／東洋大学／
日本工業大学／日本大学／ものつくり大学

ORGANIZATION LIST
開催団体一覧

［主 催］

一般社団法人 埼玉建築設計監理協会

［共 催］

一般社団法人 日本建築学会関東支部埼玉支所
一般社団法人 埼玉建築士会
一般社団法人 埼玉県建築士事務所協会
公益社団法人 日本建築家協会関東甲信越支部埼玉地域会（JIA埼玉）
一般社団法人 埼玉県建設産業団体連合会
埼玉県住宅供給公社
一般財団法人 さいたま住宅検査センター

［協 賛］

一般社団法人 埼玉県建設業協会／一般財団法人 埼玉県建築安全協会
総合資格学院／日建学院

［後 援］

埼玉県／さいたま市／テレビ埼玉

CHAPTER **1** 審査員紹介

GRADUATION DESIGN
CONTEST 2021

「場所」への感受性が確実に深化している

審査委員長
岩城 和哉
（東京電機大学 教授）

　審査委員を代表して埼玉建築設計監理協会主催 第21回卒業設計コンクールの総評を述べさせていただきます。昨年、第20回の審査会はコロナ禍の影響により残念ながら中止となりました。今回はインターネットを活用することで審査会を開催することができました。まずは審査会開催の機会を得られたことを心より嬉しく思います。

　コロナ禍は各大学における建築設計教育に深刻な影響を与えています。対面での授業が制限され、エスキース（設計指導）は遠隔のオンライン上で実施せざるをえません。この状況は学生のみなさんにとって建築を学ぶ機会に対する大きな制約となりました。時間概念を含めると4次元の造形物である建築を、2次元のパソコン画面上で学ばなければならないという制約や、設計課題で設定された敷地を実際に訪れ、その場所を体感し、そこから多くの情報を得て、それを建築へと翻訳してゆくプロセスの一部を省略せざるをえないという制約などです。しかしながら、そのような制約の中にあっても、各大学では先生方のご尽力によ

CRITIQUE INTRODUCTION

特別審査員

委員長
岩城 和哉　　東京電機大学 教授

江川 香奈　　東京電機大学 助教
荻原 雅史　　東京電機大学 講師
松下 希和　　芝浦工業大学 教授

小川 次郎　　日本工業大学 教授
伊藤 暁　　　東洋大学 准教授
櫻井 義夫　　東洋大学 教授
垣野 義典　　東京理科大学 准教授
北野 幸樹　　日本大学 教授
岡田 公彦　　ものつくり大学 准教授

り、学生の学びの機会を十分に確保すべく様々な工夫を凝らした授業運営が行われていると聞いています。

　おかげさまで本コンクールの応募作品も例年に引けを取らない力作が揃いました。今回は応募総数36点、うち埼玉県知事賞対象作品（埼玉県を敷地としたもの、以下、埼玉作品と記載）13点、自由作品（埼玉県以外を敷地としたもの）23点でした。埼玉県知事賞の創設以降、確実に増えていた埼玉作品の応募数が、残念ながら今回は減少傾向となってしまいました。コロナ禍の影響により、実際に敷地を訪れる機会が制限されたことが要因のひとつかもしれません。

　その一方で、応募作品は埼玉作品、自由作品ともに、全体として「場所」への意識が高い作品が増えています。それに加えて、場所の読み解き方、場所の特性を建築へと翻訳する手法に多様性が生まれつつあります。場所に残る物理的な特徴や要素を記号的に扱い、それを新たな建物に反復複製する従来の手法にとどまらず、人々の意識、記憶、日常のふるまいといった一見不可視の要素を、建築を通して可視化したり、

体感できるよう設えたりするなど、学生のみなさんの場所への感受性が確実に深化しているように感じました。

　場所は新たな建築を生み出すための種（あるいは動機）の宝庫です。しかし、それらは複雑に絡み合って埋もれています。それらを丁寧に紐解き、空間化してゆく作業を継続してゆくことで、私たちの生活環境は豊かで歓びに満ちた持続した存在に育ってゆきます。本コンクールに参加した学生のみなさんがそれを担う人材として今後、社会で活躍されることを期待しています。

　最後になりましたが、本コンクールに応募していただいた学生のみなさん、審査をご担当いただいた皆様、そして、前例のない形式での審査会開催と運営にご尽力いただいた埼玉建築設計監理協会をはじめとする関係者の皆様にこの場を借りて感謝申し上げます。

若林 昌善　　埼玉県都市整備部建築安全課 課長

金子 文勇　　さいたま市建設局建築部保全管理課 課長

白江 龍三　　日本建築学会関東支部埼玉支所 幹事

丸岡 庸一郎　埼玉建築士会 副会長

代田 正司　　日本建築家協会（JIA埼玉）会長

白石 明　　　埼玉県建設産業団体連合会 常務理事

牧野 秀昭　　埼玉県住宅供給公社 部長

関口 敏彦　　さいたま住宅検査センター 理事

AWARD WINNING WORKS

受賞作品一覧

[埼玉県知事賞] … 埼玉をテーマとした最も優れた作品

ヒトダマリ 調整池を活用した立体公園
神谷 政光（日本工業大学工学部生活環境デザイン学科）

[準埼玉賞] … 埼玉をテーマとした優れた作品

新菓子屋横丁徒弟制 生活空間に根付いた古さの戦略
荻野 汐香（日本大学生産工学部建築工学科）

[埼玉建築設計監理協会賞] … 募集作品の中で最も優れた作品（埼玉県知事賞受賞作品を除く）

記憶の欠片をそっとすくう 人間魚雷「回天」の歴史を巡る出会いと別れの島
磯永 涼香（東洋大学ライフデザイン学部人間環境デザイン学科）

[準埼玉建築設計監理協会賞] … 募集作品の中で優れた作品（埼玉県知事賞受賞作品を除く）

もっけみち、みっけ。 商店街に浸透し、息づく暮らし。
鶴巻 愛瑠（日本大学生産工学部建築工学科）

[特別審査員賞]

① 新たな文化を継承していく "がーでんストリート"―商店街を核とした大宮一番街の再生デザイン―
細谷 奈央（芝浦工業大学システム理工学部環境システム学科）

② 有終の塵 ゴミの減量化と清掃工場の解体
井上 了太（日本大学生産工学部建築工学科）

③ つながるバス停 地域を映す寄り処
牧野 なな子（日本工業大学工学部生活環境デザイン学科）

[JIA 埼玉最優秀賞]

つながるバス停 地域を映す寄り処
牧野 なな子（日本工業大学工学部生活環境デザイン学科）

[JIA 埼玉優秀賞]

① 「己の空間」の形成 ―折り紙建築をベースとした小空間の展開―
喜多 秀長（ものつくり大学技能工芸学部建設学科）

② 弔う大地 人と地をつなぐ葬祭場
近藤 亘（東洋大学ライフデザイン学部人間環境デザイン学科）

[埼玉住宅供給公社賞]

生きられた集住体を目指して 大規模住宅団地改修計画案
外山 真永（工学院大学建築学部建築デザイン学科）

[さいたま住宅検査センター賞]

① 新たな文化を継承していく "がーでんストリート"―商店街を核とした大宮一番街の再生デザイン―
細谷 奈央（芝浦工業大学システム理工学部環境システム学科）

② 空き家にならない家を目指して
向井 菜萌（工学院大学建築学部建築デザイン学科）

[総合資格学院賞]

① 市役所の再編成 地域密着型市役所
清水 海斗（東洋大学理工学部建築学科）

② Re：Life ―廃校活用による保護動物の殺処分問題の解決―
葛西 由樹（芝浦工業大学システム理工学部環境システム学科）

[日建学院賞]

① 10 平方メートルからはじめる町おこし 駐車スペース跡でつくる趣味の溢れ出した住宅地の通り
坪倉 尚矢（日本工業大学工学部建築学科）

② Symbiosis 猫と暮らすシェアハウス
白澤 賢（ものつくり大学技能工芸学部建設学科）

CHAPTER **2** 受賞作品紹介

GRADUATION DESIGN
CONTEST 2021

埼玉県知事賞

ヒトダマリ

調整池を活用した立体公園

Program 交流施設兼立体公園
Site 埼玉県三郷市

三郷市中央部に位置する栄調整池は第二大場川とつながり、周囲の小学校、保育園、住宅地と隣接している。断面的に見ると、多目的広場、ヨシ、池、底部と、レベルごとに特徴がある。そこで南北の小学校と保育園をつなぐように、様々なレベルのスラブを配置した立体公園のような建物を設計した。水没しない地面より上のレベルには、子どもたちやその親世代が利用する図書館、自習室、工作室、カフェ、キッチンを設けている。外部空間のスラブは、壁柱との組み合わせや、変形させることで丘やベンチなどの機能を持たせ、多目的広場とさらにその下のレベルへ活動の場を広げている。調整池を普段の生活の中で利用することで、人々が災害に対する意識を持ちながら溜まる場所となり、地域の交流が生まれる。

神谷 政光
Masamitsu Kamiya

日本工業大学
工学部
生活環境デザイン学科
足立研究室

進路 ▶ 就職

GL 以上にボリュームを配置し、GL 以下は災害時に水没することを想定し、外部空間とした。各スラブは多目的広場やヨシ、池と同じレベルになっており、独自の空間体験ができる。

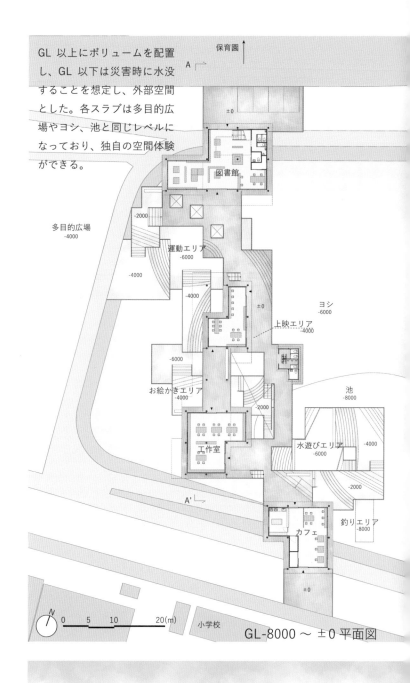

保育園

図書館

多目的広場
-4000

-2000

運動エリア
-6000

-4000

±0

-4000

ヨシ
-6000

上映エリア
-4000

-6000

お絵かきエリア

池
-8000

-2000

工作室

水遊びエリア
-6000

-4000

-2000

釣りエリア
-8000

カフェ

±0

N 0 5 10 20(m)

小学校

GL-8000 ～ ±0 平面図

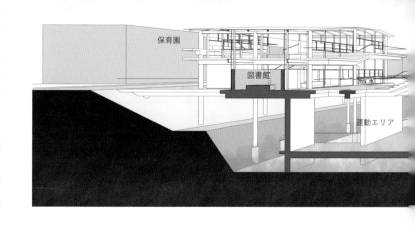

保育園

図書館

運動エリア

地域住民の利用を想定した立体公園のプログラム。調整池という
ネガティブな場所を日常的に利用することで、街を明るくし、災
害意識も生れる交流の場となる。

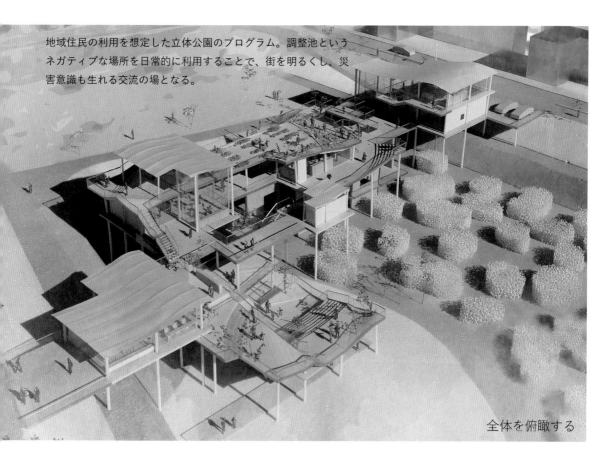

全体を俯瞰する

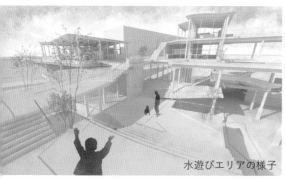

水遊びエリアの様子

図書館の様子

それぞれのスラブからは他のレベルのスラブの様
子がうかがえる配置になっており、下層に行くに
つれ活動を活発にすることで、視線が集まり、調
整池内部に人を引き込む。

畑
自習室
工作室
小学校
上映エリア
お絵かきエリア
ヨシ

A-A' 断面パース

準埼玉賞

新菓子屋横丁徒弟制

生活空間に根付いた古さの戦略

Program 体験型文化継承拠点
Site 埼玉県川越市菓子屋横丁

菓子屋横丁はもともと菓子職人のまちだった。現在、菓子屋横丁は観光地化し一種のテーマパークのようなハコモノ建築が並ぶようになり、地域資産であった菓子づくりと生活の共成が見えなくなった。そこに訪れる人々は食べ歩きをするという行動のパターン化に縛られている。そこで、菓子屋横丁に根付いていた徒弟制を見直し、現代版に置き換え、空間に落とし込む。そして、菓子屋横丁に元からあったが消えつつある空間を抽出し設計した。古さを継承する上で、この地域にあったものを再認識し、必要性や機能性をこえたものこそ継承していくべきものだと考える。縛られていた行動に奥行きを与え、菓子づくりの現場を体感し、家に帰ったときに少しでも思い出すことが多くなる、そんな古さに対する戦略を提案する。

荻野 汐香
Shioka Ogino

日本大学
生産工学部
建築工学科
北野研究室

進路 ▶ 日本大学大学院

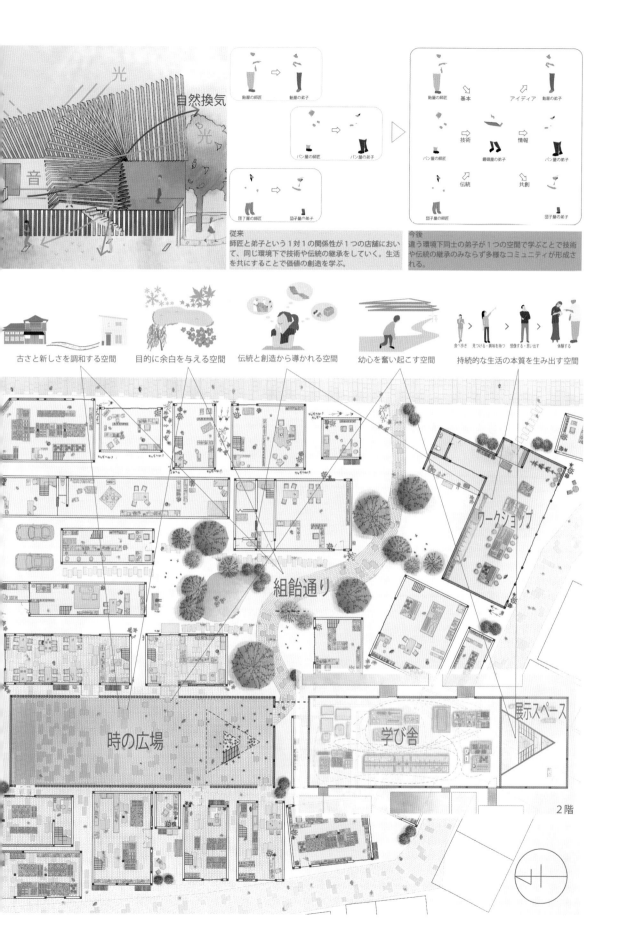

光
自然換気
光
音

従来

師匠と弟子という1対1の関係性が1つの店舗において、同じ環境下で技術や伝統の継承をしていく。生活を共にすることで価値の創造を学ぶ。

飴屋の師匠　　基本　　　　アイディア　飴屋の弟子

技術　　　　情報

パン屋の師匠　饅頭屋の弟子　　　　　パン屋の弟子

伝統　　　　共創

団子屋の師匠　　　　　　　　　　　団子屋の弟子

今後

違う環境下同士の弟子が1つの空間で学ぶことで技術や伝統の継承のみならず多様なコミュニティが形成される。

古さと新しさを調和する空間　　目的に余白を与える空間　　伝統と創造から導かれる空間　　幼心を奮い起こす空間　　持続的な生活の本質を生み出す空間

食べ歩き　見つける・興味を持つ　想像する・思い出す　体験する

ワークショップ

組飴通り

時の広場

学び舎

展示スペース

2階

015

記憶の欠片を
そっとすくう

人間魚雷「回天」の
歴史を巡る出会いと別れの島

Program フェリーターミナル／回天記念館
Site 山口県周南市徳山港周辺／大津島

山口県周南市大津島。ここにはかつて太平洋戦争末期に日本海軍の特攻兵器の1つである人間魚雷「回天」の訓練基地が設置された。しかし戦後75年を迎え、戦争の記憶は風化の一途をたどっている。そこで私は人間魚雷回天と出会い、回天搭乗員の想いを知り、記憶を継承していくストーリーを構築する。提案としては、11の感情空間を巡る回天記念館とそこへ導くためのフェリーターミナルを設計した。フェリーターミナルは道の駅、市民交流館が併設された複合施設であり、その敷地内には潮の満ち引きと共に見え隠れする人間魚雷「回天」を設置する。回天との出会いの場だ。回天記念館では回天搭乗員の気持ちを11の感情空間を巡る中で疑似体験する。同じ過ちを二度と繰り返さないために。

磯永 涼香
Suzuka Isonaga

東洋大学
ライフデザイン学部
人間環境デザイン学科
櫻井研究室

進路 ▶ 東京理科大学大学院

1

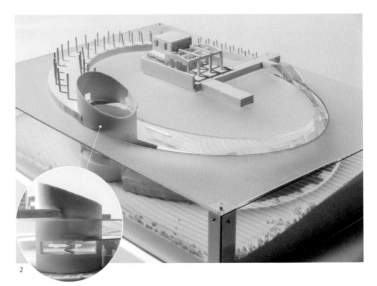

2

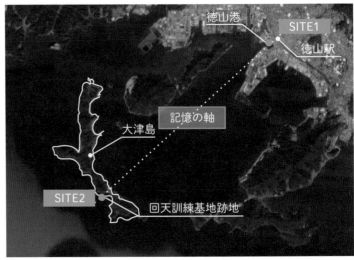

徳山港
SITE1
徳山駅
記憶の軸
大津島
SITE2
回天訓練基地跡地

3

1：フェリーターミナル【SITE1】
2：回天記念館【SITE2】
3：記憶の軸に沿って紡がれる物語

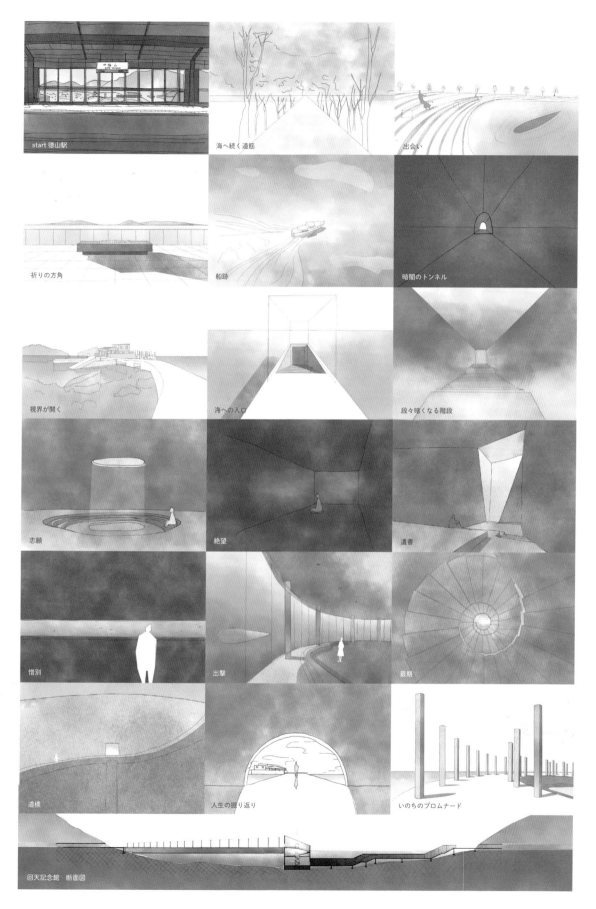

start 徳山駅

海へ続く道筋

出会い

祈りの方角

船跡

暗闇のトンネル

視界が開く

海への入口

段々暗くなる階段

志願

絶望

遺書

惜別

出撃

最期

道標

人生の振り返り

いのちのプロムナード

回天記念館　断面図

017

準埼玉建築設計監理協会賞

もっけみち、みっけ。

商店街に浸透し、
息づく暮らし。

Program 中通り商店街
Site 山形県酒田市中町

火災により一つとなって再出発した
商店街は、四方を壁に囲まれ、隣に
居るはずの隣人が見えない。二階は
換気ができず暮らせなくなった。そ
こで、店舗と店舗の間の壁を一部取
り除き、商店街の中に道をつくる。そ
の際屋根を二重にすることで、近づ
いた距離を生かしたまま居住可能に
する。

「もっけみち」では、歴史、時間の流
れの中から育まれ紡ぎ出されてきた
「生活」と、生活そのものを未来に繋
ぐ「居場所」とが相互に浸透し合う。
二重屋根の下で、生活の中にふとお
互いの存在や想いを感じながら商売
し、「もっけ」の気持ちを思い出す。

鶴巻 愛瑠
Airu Tsurumaki

日本大学
生産工学部
建築工学科
北野研究室

進路 ▶ 日本大学大学院

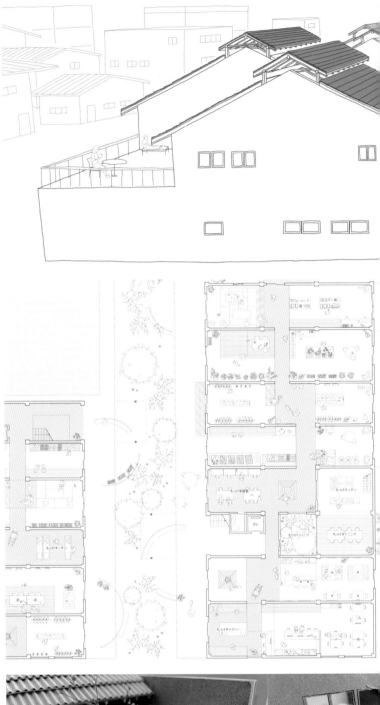

もっけテラスで世間話をする住人

家の前のもっけ

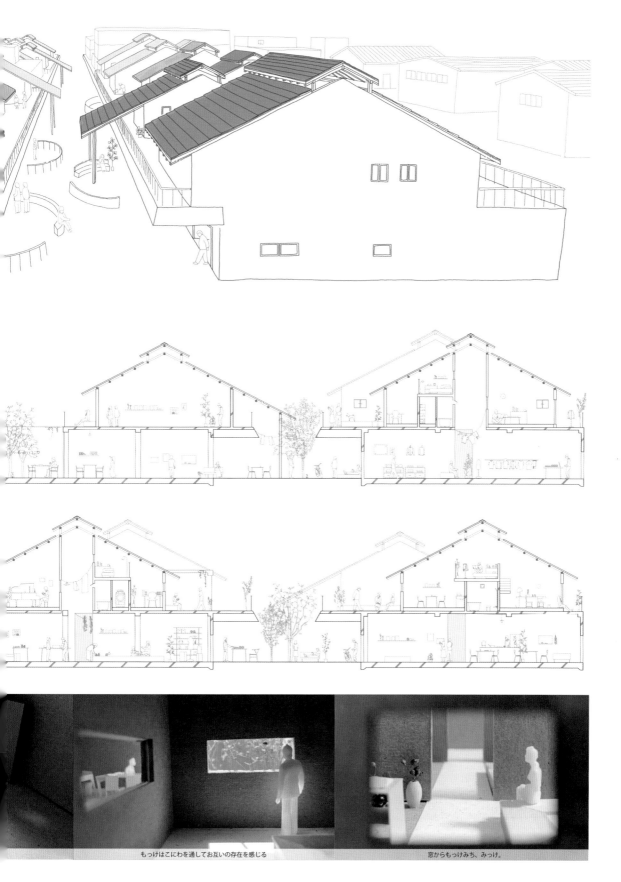

もっけはこにわを通してお互いの存在を感じる 窓からもっけみち、みっけ。

新たな文化を
継承していく
"がーでんストリート"

—商店街を核とした
　大宮一番街の再生デザイン—

Program 複合市街地
Site 埼玉県さいたま市大宮区
　　　 一番街商店街周辺

近年、大型商業施設やネットショッピングが増加し、利便性や経済性が重要視される中で、衰退している商店街が多い。しかし、地域に根差した商店街や個人店には、訪れることで体験できる出会いや会話、感動がある。それらはネットや大型チェーン店では得難いものだ。また、大都市中心部では緑や自然、また地域固有の文化に接する機会も減りつつある。そこで、大宮の多様な文化、生活、環境を取り入れた多様な「がーでん」を設け、商店街の再生を提案する。これにより、まちに出ることの新たな価値や楽しさを多くの人たちが体験・共有でき、まち本来の魅力や持続性を高めたい。5つのがーでんに存在する様々な人々の物語が連鎖することで、このストリートは希望で満ち溢れた場所に育っていく。

細谷 奈央
Nao Hosoya

芝浦工業大学
システム理工学部
環境システム学科
鈴木研究室

進路 ▶ 就職（総合建築設計事務所）

ずらすことによりスペース利用の可能性を拡大

現状・2Fが目立たない。
・店舗を把握しにくい。

提案①アクティビティが見えることで、2Fに視線がいく。
②新たな空間として活用可能。

2F / 1F

1F / 2F
terrace seats

Convexity

Gap

Concavity

(TOP VIEW1) (CROSS SECTION1) (TOP VIEW2) (CROSS SECTION2) (TOP VIEW3) (CROSS SECTION3)

空間を繋げる

1F / 2F
terrace seats
Green

・渡り廊下で繋ぐことで建築物に一体感が出て、新たなアクティビティや空間が生まれる。
・様々な視点から眺められ、ストリート全体を楽しめる。

方法：高さ4.5m以上に設定して、緊急車両も通れるようにし、占用許可を取る。

一番街商店街特徴

公共空間再活用 / 歩行空間妨害 / 閉鎖的 / おおみやストリートテラス @一番街 (OST)

UDCOとの協働で実施したOSTの調査結果を提案に反映。

課題
①時代潮流に対応し、商店街を核とした地域の魅力再生
②飲食以外の機能を導入（アート創作展示、文化、居住など）
③意欲ある商業者の事業継続と新規ビジネス誘致
④一番街としての運営とPRの強化

Discover garden / Work garden / Fun garden / Art village garden / Main garden street / RAKUUN

GARDEN STREET

■全体俯瞰パース

▲大宮の新しい価値の創出 (提案)

1Fだけでなく、2,3Fにもテラス席を設ける。
屋外公共空間の利用用が今後の街の価値、大宮らしさに繋がる。

提案
中心 ▶ Main garden street
賑やかで人通りが多い通り側 ▶ Art village garden
落ち着きがあり静かな通り側 ▶ Discover garden
▶ Work garden
閑散としている住吉通り側 ▶ Fun garden

どの通りからでもアプローチしやすい。
個々の施設 (garden) は、各々が所有、運営。より魅力的な場所にするため、5つのエリア (garden) が協働し、地域全体を盛り上げる活動を行う。

Sumiyoshi-dori

Ginza street

Omiya station

0 10 20 30 m

A

bar (+400)
bar
bar
bar
bar
bar

F

F"

B

return book rack
library

TV

Art room (sculpture)
ware house
gallary
growing space

shop

Art village garden

C

C"

Art village garden

Fun garden

magazine lounge
coin laundry cafe

backyard
cleaning reception

D

D"

Discover garden

shop shop shop shop

shop shop shop

shop shop

shop

shop

Main garden street

RAKUUN

bicycle parking space

shop shop
shop shop

Work garden

A"

reception office

work × hotel
lounge

cafe & bar

backyard

B"

E"

Kyuunakasendou

◀━━━▶ 人の動線

Daylighting

room15
room8
nursery
children's library
library

1 アーケードは採光可能。開放感のあるデザイン。

2 2Fにもアクセスしやすい階段。

3 建築物を最大2.6mセットバック。

4 Growing Garden プロジェクト
CUBE PLANTS(鉢植え)を季節毎に変えるため、地域住民にの方々に来年まで大切に育ててもらうプロジェクト。

1

2

shop
shop

shop

shop

public road

shop

regulatory line(1m)

▼最高高さ12,000m

working space ▼3F

terrace

working space ▼2F

work × hotel
lounge ▼1F

Discover garden

Main garden street

3

Work garden

B"

0 5 10m

グランドレベルからお客さんが見上げたときに、Main garden street のどの店舗にも視線が届くように、建物の高さを低層の3F以下に設定。

有終の塵

ゴミの減量化と清掃工場の解体

Program 清掃工場
Site 東京都豊島区池袋

東京港内にある廃棄物埋立処分場の残余年数は50年程となっている。限りある埋立処分場の残余年数を少しでも延ばすためには、ゴミ減量、3Rへの一層の取組みが必要不可欠である。

そのリミットのあるゴミ問題を逆算して"終息した"と仮定してみる。仮定の未来ではゴミが減少し、必要数が減少し、清掃工場をコンバージョンすることが想定される。そこで現在から終わり方を考えた清掃工場を提案する。

まちの人々がゴミを減らす行為が、同時に、清掃工場の姿を変えていく意味を持つ。

井上 了太
Ryota Inoue

日本大学
生産工学部
建築工学科
岩田研究室

進路 ▶ 日本大学大学院

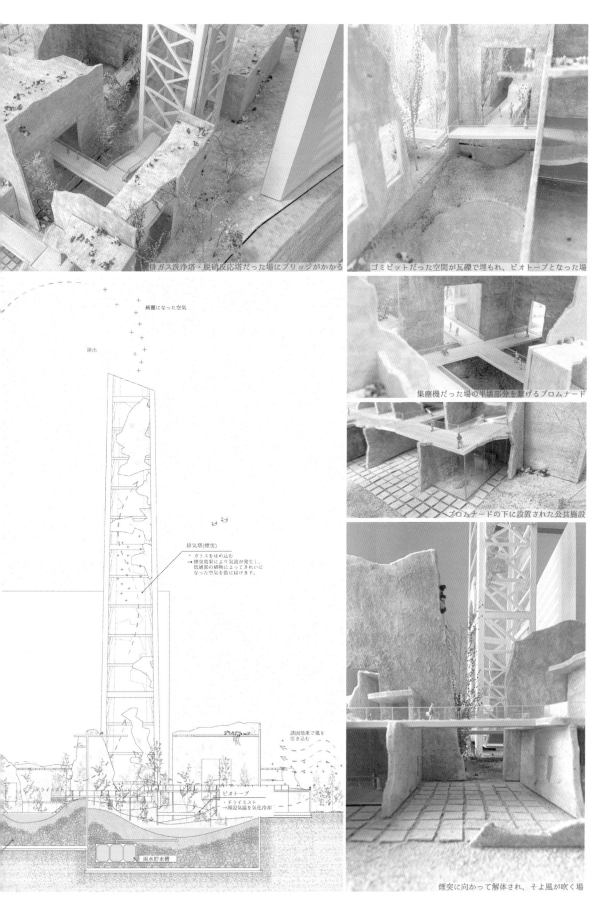

排ガス洗浄塔・脱硝反応塔だった場にブリッジがかかる

ゴミピットだった空間が瓦礫で埋もれ、ビオトープとなった場

綺麗になった空気

排出

集塵機だった場の半壊部分を繋げるプロムナード

プロムナードの下に設置された公共施設

排気塔(煙突)
・ガラスをはめ込む
→煙突効果により気流が発生し、
低層部の植物によってきれいに
なった空気を街に届けます。

誘因効果で風を
引き込む

ドライミスト

ビオトープ
→ドライミスト
→周辺気温を気化冷却

雨水貯水槽

煙突に向かって解体され、そよ風が吹く場

つながるバス停

地域を映す寄り処

Program バス停を含む地域の公共空間
Site 静岡県浜松市
遠州鉄道バス舘山寺線

人々の日常動線上にあり、多世代が自然と集まるバス停には、身近な公共空間として高いポテンシャルがあると考えた。そこで私がよく利用していたバス路線の中から5つのバス停を選び、バス停を待つ空間と一体化した地域の拠点を計画した。今ある活動を丁寧に汲み取り、地域の魅力を引出すように空間・設計・設えをデザインした。バス停がワクワクする居心地良い空間になれば、バスを待つ時間は地域住民が自然と関わり合う素敵な時間になるだろう。
「早く行ってバスを待っていようかな」
「今日はどんな出会いがあるのだろう」
そんな居場所と人々の姿は、沿線他地域の住民や観光客の心も惹きつけ、立ち寄る機会を与えるであろう。
人と人・生活と地域・地域と地域をつなげる5つのバス停空間の提案である。

牧野 なな子
Nanako Makino

日本工業大学
工学部
生活環境デザイン学科
勝木研究室

進路 ▶ 株式会社ヒトカラメディア

今のバス停

現状

時刻表・標識があるだけ
人のつながりが生まれにくい

ポテンシャル

多世代が自然と居合わせる

地域の中心にある
徒歩でいける

静岡県浜松市／遠州鉄道バス舘山寺線

観光地が多い庄内半島

学校が密集する住宅街

浜松駅

● 観光地　● 計画地　一易線図

A 村櫛小学校入口 ～商店から離れた住宅街～

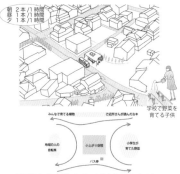

朝　2本/1時間
昼　1本/1時間
夕　1本/1時間

学校で野菜を育てる子供

ご近所さんが読んだ古本

みんなで育てる棚田

地域の人の自転車

小上がり空間

バス停

小学生が育てた野菜

野菜や本を持ち寄る地域の小上がり

僕たちが作った野菜できたよ

バスの本数が少ないため、バス利用者や地域の人が長居できるように小上がり空間を設けた。ここを中心に人・本・野菜など地域のモノが集まり、広がっていく地域の中心となる場である。

B 舘山寺営業所 ～観光バスが発着する営業所

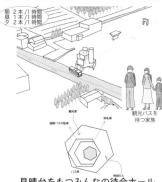

朝　2本/1時間
昼　1本/1時間
夕　1本/1時間

観光バスを待つ家族

遠州/観光の駐車場　浜名湖

見晴台をもつみんなの待合ホール

観光バスが来るまでどこで待とうかなあ

浜名湖からも近いこの場では、6角形をずらし積み上げた空間を設けた。屋上まで貫く吹き抜け空間・壁本棚・テラスなど利用者は好きな場所で時間を過ごす、新たな観光地になり得る場である。

つながるバス停

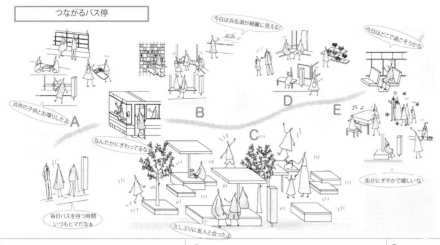

バス停が人と人・生活と地域・地域と地域をつなぎあわせ、沿線全体につながりは広がっていく

○健康で安心な暮らし
外出・交流の機会や、見守り合う関係の醸成は、健康的で安心な暮らしにつながる

○環境負荷の低減
バス利用の促進は、自家用車の利用を抑制し、環境負荷低減につながる

○マイクロツーリズムの進展
それぞれの地域の特徴を反映した居場所を持つバス停は、地域住民を「バス停巡り」に誘い、マイクロツーリズムの進展につながる。

C 弥生橋 ～ 住宅地と学校の間にある近隣公園 ～

朝 3本／1時間
昼 2本／1時間
夕 3本／1時間

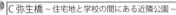

木陰で立ち話するお母さん達

公園
歩道

歩道と公園を漂うステージ広場

0　　　　4m

こんな立派な桜の木があったんだ…

公園と隣接したこの場では、既存の木々に沿って正方形のステージと屋根を設けた。歩道と公園の境界を曖昧にすると共に、歩行者と公園の利用者に居場所を与えている。

D 鹿谷町 ～ 教室が多い旧街道沿い商店街 ～

朝 7本／1時間
昼 4本／1時間
夕 3本／1時間

絵画教室で学ぶ学生

隣地

空き店舗改修による学びのショールーム

0　　　　4m

地域の〇〇ちゃんのらくがきが残ってるね

多くの習い事が行われているこの場では、作品のショールームとして改修をした。棚を配置し、誰もが作品を目にすることができる。学生や通勤者が地域の人やモノに触れていく場である。

E 田町中央通り ～ 複数バスが行き交うビル群 ～

ヤマハのピアノ教室で楽しむお姉さん

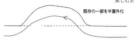

既存の一部を半屋外化

音色と香りに安らぐ駅近ラウンジ

バスを待つ間にピアノを弾いてみよう

バスを待つ時間が短いこの場では、歩道の幅を広げ、ピアノ～カフェまで連結するベンチを設けた。今まで背をむけていた街の人々が自然と集まり、短い時間を5感で楽しむことができる。

JIA埼玉 優秀賞

「己の空間」の形成

―折り紙建築をベースとした
　小空間の展開―

Program 空間展開ツールの設計・制作
Site ---

新型コロナウイルスという目に見えない未知の脅威の登場で、人との接触がリスクになり、オンラインコンテンツの普及が加速し、いつでも・どこの誰とでもコミュニケーションをとることができる手段として広く認知された。

しかしそれは、オンライン端末をはじめとした「情報」を媒介として、多少なりとも「個人の時間・空間」の犠牲の上に成り立っているのではないだろうか。さらに加速する情報社会の中で、複雑化する人・モノとのつながり方。またそれによって起こる可能性のある、プライベートとパブリックとの境界の曖昧化。

環境の過剰な負荷から一旦距離を置き遠ざかることで、自分を見つめなおすきっかけを与え「己の再認識」を促すような、そんな小さな居場所の展開を目指す。

喜多 秀長
Hidenaga Kita

ものつくり大学
技能工芸学部
建設学科
岡田研究室

進路 ▶ 株式会社中村勉総合計画事務所

模型・モックアップの制作を経て、全体のデザイン・構造との取合いを決める。
実寸大の空間を創ることで、求めた空間になっているか、強度は保たれているか、など把握しながら設計・制作を進める。

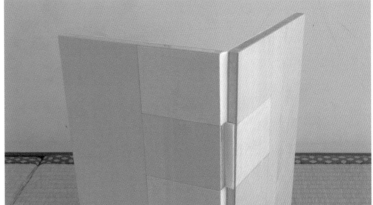

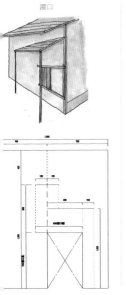

躙口

吊床

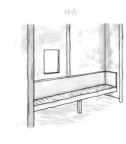

待合

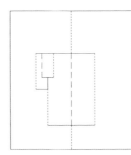

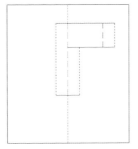

今設計では、現代に求められる空間として、「草庵茶室」をモチーフに計画する。

折曲げて生まれる奥行きは、内外両方に視覚効果を生み空間として作用する。

立てて隔てた中にできる水平に開いたスリットが、反対側と間接的につながる窓の役割を果たし、空間のディテールとして存在する。

また、折畳みが可能なことで、収納時に場所をとらず、展開の容易性にもつながる。

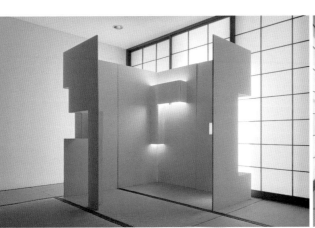

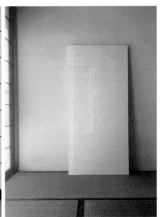

JIA埼玉 優秀賞

弔う大地

人と地をつなぐ葬祭場

Program 葬祭場
Site 静岡県三島市

夏休みに祖母の死が訪れた。身内の死と直面することは初めてであり、祖母の死は私にとって死を意識する機会となった。葬儀の間どんな気持ちで過ごせばいいのかわからないにもかかわらず、短い時間で淡々と進んでいく葬儀に強く疑問を抱き、それは葬儀の本質や行為にいつしか意味を見出せなくなったからであると感じた。葬儀の本質の要素をさまざまな視点から見直し、現代では馴染みがなくなりつつある宗教の要素を取り外し、日本人が持っている自然観、死生観に着目をし、自然と関わりを持たせることで葬儀の本質である「弔い」を取り戻し、現代に合わせた弔う空間を提案する。連続的に流れる空間は取り入れる太陽光の量、空間の高さ、見える景色などとともに緩やかに変化を続け、故人が「弔う」手助けとなる。

近藤 亘
Koh Kondo

東洋大学
ライフデザイン学部
人間環境デザイン学科
櫻井研究室

進路 ▶ 東洋大学大学院

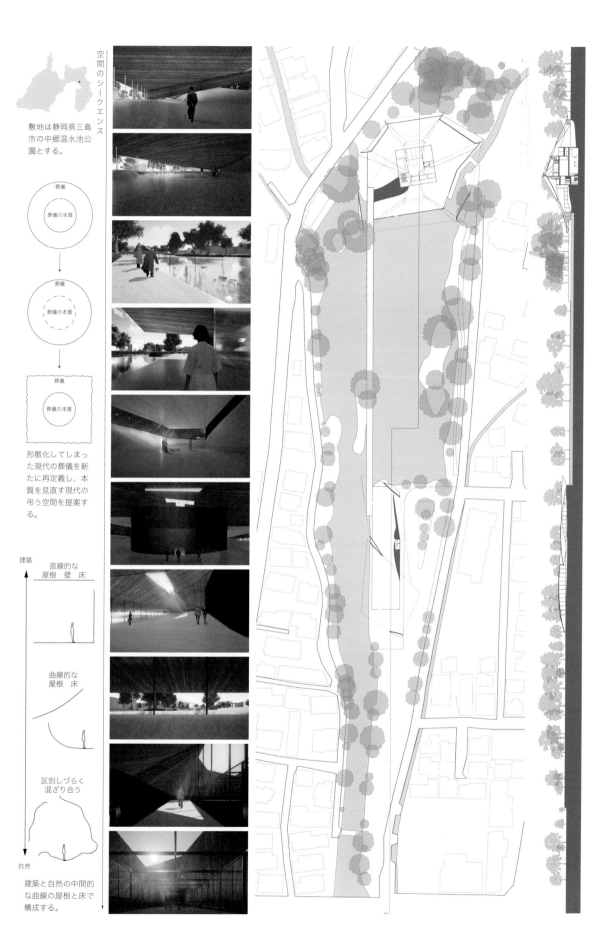

空間のシークエンス

敷地は静岡県三島市の中郷温水池公園とする。

形骸化してしまった現代の葬儀を新たに再定義し、本質を見直す現代の弔う空間を提案する。

葬儀
葬儀の本質

↓

葬儀
葬儀の本質

↓

葬儀
葬儀の本質

建築

直線的な
屋根 壁 床

曲線的な
屋根 床

区別しづらく
混ざり合う

自然

建築と自然の中間的な曲線の屋根と床で構成する。

埼玉住宅供給公社賞

生きられた
集住体を目指して

大規模住宅団地改修計画案

Program 集合住宅

Site 東京都江東区西大島

集合住宅団地は高度成長期を支え、20世紀の日本における重要な役割を果たした。現在、団地はその役割を終え、新たなフェーズを迎えている。再開発やリノベーションなど、そのかたちは様々である。しかし、それらの多くは戦後の「集まって、住まう」という文字通りの集合住宅という形式を根本から問いただすものではない。本提案は現代の単なる住戸の集まりとしての集合住宅ではない、団地内での自治やより高度な意味での集まって住まうという『生きられた集住体』を、既存の団地の特徴を生かして目指すというものである。団地の住民やまちの人々の住まう力を増幅させ、新たな団地像を描くことが計画の最大のテーマである。

外山 真永
Masanobu Toyama

工学院大学
建築学部
建築デザイン学科
伊藤研究室

進路 ▶ 工学院大学大学院

00 計画背景

　第二次世界大戦後、戦前の大家族は核家族化し、大量の住戸が求められた。1955年、政府は日本住宅公団を発足。51C型に代表される標準設計により、プライバシーの確保された、新たな生活像である「団地」を大量に供給した。団地は高度成長期を支え、20世紀の日本における重要な役割を果たしたのである。団地数、団地面積ともにピークを迎えた1970年代前半からおよそ半世紀が経過した現在、団地はその役割を終え、新たなフェーズを迎えている。再開発としてタワーマンションと化するものもあれば、住戸のリノベーションや企業との連携により既存の団地をそのまま利用する例もある。しかし、それらの多くは戦後の「集まって、住まう」という文字通りの集合住宅という形式を根本から問いただすものではない。本提案は現代の単なる住戸の集まりとしての集合住宅ではない、団地内での自治やより高度な意味での集まって住まうという『生きられた集住体』を既存の団地の特徴を生かして目指すというものである。団地の住民や街の人々の住まう力を増幅させ、新たな団地像を描くことが計画の最大のテーマである。

01 計画敷地

大島4丁目団地 2514戸/1969年

所在地：東京都江東区大島4-1

交通：都営新宿線「西大島」駅下車、徒歩4分

敷地面積：87,201㎡ 建築面積：14,251㎡ 延床面積：154,223㎡ 建ぺい率：21.0% 容積率：176.0%

人口：1号棟 468戸/2・7号棟 144戸/3・6号棟 767戸/4・5号棟 112戸

構造：鉄骨鉄筋コンクリート造/1・3・6号棟：14階建/2・7号棟：9階建/4・5号棟：8階建

　江東区大島に位置する大島4丁目団地は、1969年に日曹製鋼工場跡地に建設された高層高密度面開発市街地住宅である。住宅の大量供給に加え、既成市街地に不足する緑や遊び場、避難空間などの環境整備が求められた。南北軸に配置されるツインコリドール型と呼ばれる中廊下型の高層棟3棟と南面する片廊下型の4棟で構成されている。

　本提案はこの団地の最大の特徴であるツインコリドール住棟のリノベーション計画である。日本最大の団地である高島平団地において採用されたこの形式は中央の中庭を排気のために利用しつつ、共用廊下に自然光をもたらしている。この団地のツインコリドール型住棟の中庭は幅約15mもあり、ほかの団地のそれと比較しても非常に大きな吹き抜け空間となっている。しかし、そのヴォイドはまさしく住棟にぽっかりと穴が開いているにすぎず、その特徴を生かすことができていない。

　また、大島地区はほぼ全域が標高0m地帯で、なおかつ地盤が軟弱なため水害の危険性が高い。従って、この団地はすべての住棟でIFがピロティになっている。建設当時は、そのピロティには今後必要となる都市施設が入ることが想定されたが、現在はいくつかの店舗を除いて倉庫としての利用に留まっている。

▲大島駅近くに位置する一号棟。大通りに面し、建物西側のオープンスペースの利用によって、団地内の住民を入々との関わりの役割を果たす可能性がある。

▲14階建てでのツインコリドール型住棟。ピロティ棟は団地内道路に沿っており計画時の既存店舗街となっているが、実際には倉庫として立地的に不向きともあり、賑わいは見られない。

▲敷地北側道路に面する2・7号棟。ピロティ階は外部であるにも大きなヴォイドピロティが特徴。各棟767戸/約2450名が暮らす巨大住棟。

▲小名木川沿いに建つ4・5号棟。周囲は緑に囲まれているが、他の4棟に比べて独立性の高い住棟となっている。

02 提案

ひと
テーマ型リアルコミュニティの形成

　かつての地域のコミュニティは「向こう三軒両隣」というような「地縁型」のコミュニティが形成されており、文字通りの共生がなされていた。しかし、現代の都市部においてはそのようなコミュニティは無論で、なかなかコミュニティを形成するのは困難である。

　本来の意味での集住体形成しようとするならば、テーマ型のコミュニティが不可欠である。そしてそれは団地内に留まらず、まちの人々ともコミュニケーションが取れる仕組みづくりが重要である。

建築
潜在性の表出

　既に述べたとおり、このTC型住棟は生かしきれていない①中庭②ピロティ階が最大の特徴である。中庭あるいはそこに面する共用廊下は屋外であるにも関わらず、非常に閉鎖的でどこか収容されているかのような印象まで想起させる。ピロティ階は一部店舗がるものの、エントランスや駐輪スペースが大半を占め、ピロティという印象は皆無でいる。

　ソフトとハードの両面においてリノベートすることで、既存の特徴を生かした潜在的な魅力を表出させたい。

団地
まちのアイデンティティの創出

　この地域には大規模団地が複数あり、半世紀もの間、多くの人々の生活を支えてきた。決して長い歴史があるわけではないものの、まちに対して愛着を持っている人も少なからず存在する。ただ、大島地区がなにかアイデンティティを確立しているかといえばそうではない。本提案ではツインコリドール型住棟のリノベーションに留まらず、改修した住棟での活動が更なる団地のリノベーションやまち全体を盛り上げるトリガーのような物を目指す。

03 計画概要

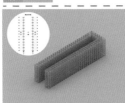
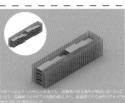
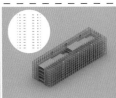

▲既存住棟は柱・梁を残してその他は解体、中庭に挿入されるように建っていたEVシャフトも解体、中央ヴォイドがより強調される状態へ。

▲そのヴォイドにスラブを挿入することで、3層のいくつかの足より集合棟を作り出す。これにより各住棟を、1つの戸建の集合体として、いくつかの街区の集合体のように読み換える。

▲そこに外側からEVシャフト付きの耐震補強を行い、さらに中庭ヴォイドの環境向上のため、屋根をかけて内部化した。

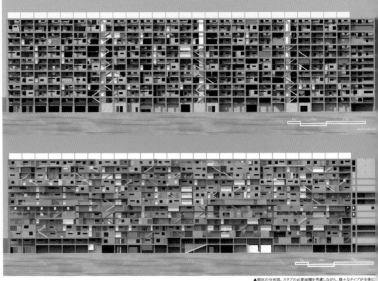

▲街区の分布図。スラブの必要断面積を考慮しながら、様々なタイプが全体にばらけるように構成、それぞれの街区があくまでも自立的な空間であるよう心掛け

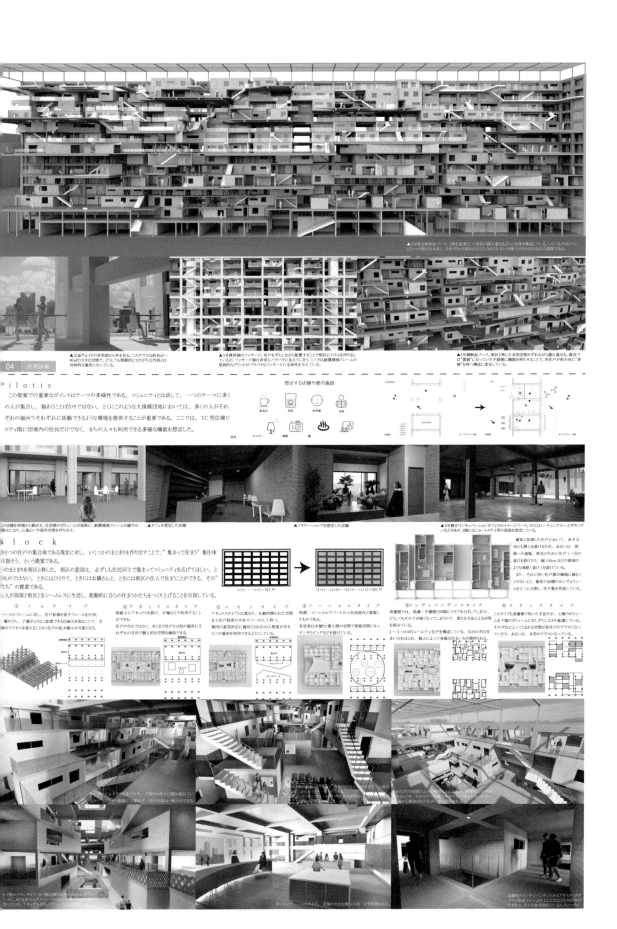

空き家にならない
家を目指して

Program 住宅／店舗付き住宅／店舗 等
Site 東京都大東区／埼玉県志木市／
群馬県中之条町

家という建築は、いつか使われなく
なってしまうものなのだろうか。本来
の住宅寿命は100年にものぼるが、
ひと世代の家族が求める家の時間
は50年。余った多くは誰にも使われ
ず空白の時間を送り、放置されれば
周囲に煙たがれる存在だ。それでも
その隣には、予備軍とも思える新築
の戸建て住宅やマンションが建てら
れ続けている。
今ある空き家を活用すること、必要
のない空き家は壊すことに加え、こ
れから建てる家が空き家にならず使
い続けられるためにできることはな
いだろうか。役割を変える建築に人
が流動的に移り住んでいくことで、空
き家にならない家を目指したい。

向井 菜萌
Naho Mukai

工学院大学
建築学部
建築デザイン学科
西森研究室

進路 ▶ 工学院大学大学院

誰かが住んでいた空間は店舗になり、まちの人が訪れ、また他の誰かが住み、そして世代交代した家族が帰ってくる…たくさん繰り返すことで使われ続ける建築を

点在する「空き家にならない家」のうち
特徴的な3つのエリアを選定

Site3　　　　　Site1
Site2

Site1 都心_東京 御徒町 佐竹商店街
・商店街をまとう集合住宅・
敷地面積 195㎡　住戸数 9戸　住戸専用面積 平均 54㎡　RC造 5階建て

「住民と商店街に訪れる人、それぞれのための導線を用意」

――――――― 3通りの使い方 ―――――――
家／店舗付き住宅等／貸しスペース
各ユニットがそれぞれ3通りから使い方を選択する
3つ目としては、アクセスの良さや商店街を活かした短期の貸しスペースとする
小さなカフェやショップなど商店街の一部としてまちの人が行き来する

3カ月

まちの人がショップへ
やってくる

10年

空き家にならない＝その建築を使い続ける

家として使うために
住み継ぎのハードルを下げる

複数の家を移り住む

家ではない用途として使うために
住む以外の使い道を与えておく

3通りの使い方を持つ建築

半年 2カ月 3年

住み継ぐ間隔を狭くする

家　リノベーション　店舗

時間や金銭面のハードル

家のとき 店舗付住宅のとき 店舗のとき

役割を変える建築に流動的に移り住んでいく
「空き家にならない家」の設計

Site2 郊外 _ 埼玉 志木ニュータウン
・道をつくる3つの戸建て・

敷地面積 363 ㎡　住戸数 3戸　住戸専用面積 平均 77 ㎡　木造 2 階建て

Site3 田舎 _ 群馬 中之条
・本と移り住む一軒家・

敷地面積 1746 ㎡　住戸数 1戸　延床面積 176 ㎡　木造 1 階建て

「それぞれの食空間を開くと小さなレストラン街に」

「連なる本棚が本を読むための場所へと導く」

────── 3通りの使い方 ──────
家 / レストラン付き住宅 / レストラン

各ユニットがそれぞれ 3 通りから使い方を選択する
レストランの少ない地域での食事する場やコミュニティの場とし
ニュータウンに住む住民を中心に日替わりでレストランのシェフとなる

────── 3通りの使い方 ──────
家 / 本屋付き住宅 / ブックカフェ

人によって 3 通りから使い方を選択する
移り住む住民たちがそのたびに本を置いていき、
不揃いでも魅力的な本たちが集まり自然の中で楽しめる場とする

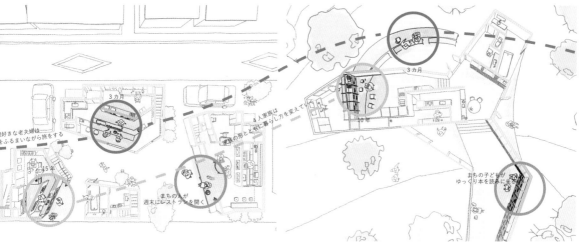

総合資格学院賞

市役所の再編成

地域密着型市役所

Program 行政施設
Site 埼玉県川越市

役所の建設ラッシュから約40年が経過し、役所建築は建て替え、もしくは大規模修繕の時期を迎えている。

時を同じくして行政システムの在り方自体も問い直され、行政空間をどうつくるべきかを考え直す時期が来ている。私自身も行政がまちの現状を知覚していないことに疑問を持っており、問題を身近に感じた川越市で市役所の再編成を計画する。

そこで仙台市庁舎建て替えのシンポジウム、ジェイン・ジェイコブズの理論から、「広場+建築の設計」と都市のリノベーションにより、役所が身近にまちの現状を感じられ、市役所機能が分散し、よりまちに近い位置で現状を知るための「サテライト施設の設計」を行った。さらに本庁舎では、機能の分散により空いた面積で市役所の使われ方を再考した。

清水 海斗
Kaito Shimizu

東洋大学
理工学部
建築学科
伊藤研究室

進路 ▶ 東北芸術工科大学大学院

市役所の再編成
- 地域密着型市役所 -

街と行政に概念的な距離がある　　　広場により街と行政を繋ぐ

行政施設が分散し、より街に近い行政となる

siteA- 川越市役所

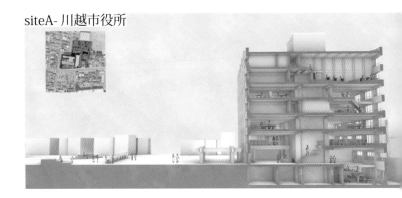

機能が分散し本庁舎での必要面積が減る。その分の面積での空間操作

横方向の繋がり　　　行政と市民の混ざり方の検討

縦方向の繋がり　　　空間的な混ざり方の検討

橙色：課、室
青色：会議室、議員控室、市長室など
緑色：食堂、フリースペース
赤色：コワーキングスペース
灰色：コア

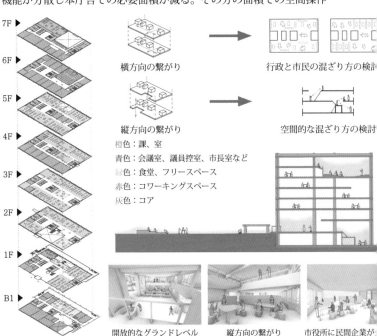

開放的なグランドレベル　　　縦方向の繋がり　　　市役所に民間企業が

siteB- 小江戸蔵里

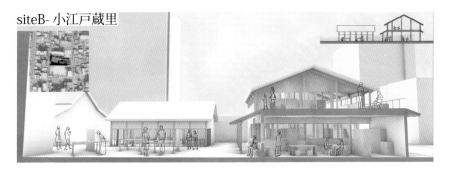

二階から広場が見える

蔵里から市民広場へ

siteC- 初雁球場

広場を囲んだ施設

二階外部空間

siteD- 市民グラウンド

大屋根により保護された空間

広場との接点が窓口となる

siteE- 岸町ふれあい広場

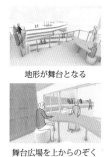

地形が舞台となる

舞台広場を上からのぞく

siteF- 道路管理事務所

軒下が行政との窓口となる

現場とより距離が近くなる

035

Re：Life

―廃校活用による保護動物の
殺処分問題の解決―

Program 動物保護、子育て支援施設
Site 茨城県つくば市北条

人間の都合で捨てられ、里親が見つからなければ死を待つしかない保護動物と、少子化の影響を受け閉校となった学校に、新たな居場所や価値を与える。そして保護動物たちと向き合い、その実態を知る場所と機会を創ることで動物たちの第二の人生のスタート地点となり、かつての学校が人と動物たちの命を考える場所として、社会教育の新たな使命を有した第二の人生を歩み始める。

葛西 由樹
Yuki Kasai

芝浦工業大学
システム理工学部
環境システム学科
澤田研究室

進路 ▶ 芝浦工業大学大学院

🐾 PROBLEM

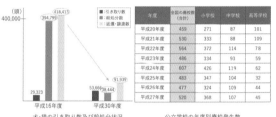

年度	全国の廃校数（合計）	小学校	中学校	高等学校
平成20年度	459	271	87	101
平成21年度	530	333	88	109
平成22年度	564	372	114	78
平成23年度	486	334	93	59
平成24年度	607	426	119	62
平成25年度	483	347	104	32
平成26年度	477	324	109	44
平成27年度	520	368	107	45

犬・猫の引き取り数及び殺処分状況　　　　公立学校の年度別廃校発生数

🐾 SITE －茨城県つくば市北条－

・犬・猫の引き取り・殺処分数
・各都道府県の高齢化率の伸び
・2020年度の動物保護
・廃校の数
　→「旧筑波東中学校跡地」

南西には自転車道「つくば霞ヶ浦りんりんロード」が走り、北側には筑波山行きのバスが通る

🐾 PROPOSAL

・身近な問題を公共施設に取り込む

捨て犬・猫問題　　　　　　　　　殺処分問題

人々が問題を知る機会をつくり発信することでみんなで問題の解決を目指す。

・嫌悪施設を日常的に訪れやすい場所にする

保健所・動物愛護センター

様々な人が訪れる場とすることで新しい出会いを生み、里親を探しやすくする。

・廃校を活用する

△教室棟校舎（コンバージョン前）

△屋内運動場（コンバージョン前）△武道場（コンバージョン前）

訪れやすい保護施設をつくる上で、かつて地域の核であり学ぶ場所でもあった廃校が活用できると考えた。

活用により、経費削減や使い勝手の良い空間の使用、地域密着が可能となる。

🐾 SYSTEM

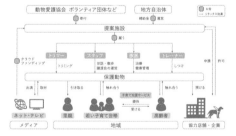

🐾 PROCESS & CONCEPT ⇒「地面に溶け込む」を設計コンセプトとする。

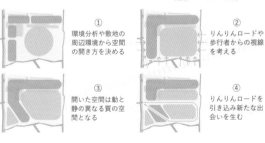

① 環境分析や敷地の周辺環境から空間の開き方を決める

② りんりんロードや歩行者からの視線を考える

③ 開いた空間は動と静の異なる質の空間となる

④ りんりんロードを引き込み新たな出会いを生む

🐾 SECTION PLAN

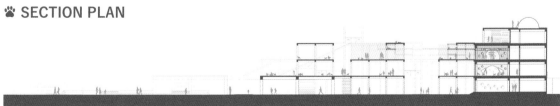

日建学院賞

10平方メートルから
はじめる町おこし

駐車スペース跡でつくる
趣味の溢れ出した
住宅地の通り

Program 小屋
Site 埼玉県宮代町

「運転免許証の自主返納」は現代社会の安全上の問題である。当事者としては、自家用車にもたらされてきた広い行動範囲や思い出が失われることから、心の問題でもある。郊外住宅地を考えれば、道路際を彩る自家用車がなくなり、駐車スペースが空き、通りが閑散とする。波乱の時代を生き抜き、免許の返納を選択した高齢者達は、自家用車の喪失を埋めるように、駐車スペース跡に趣味の小屋を建て始めるはずだ。本計画は、こうした小屋によってつくられる次世代の住宅地のまち並みの可能性を、70年代に宅地化された宮代町のある通りをケーススタディとして描いたものである。道路際に溢れ出す趣味とそこに集う高齢者たちは、通りに人の気配を取り戻す。これを10平方メートルからはじまるまちおこしと言いたい。

坪倉 尚矢
Naoya Tsubokura

日本工業大学
工学部
建築学科
吉村研究室

進路 ▶ 日本工業大学大学院

低窓茶室

紅葉や桜などの自慢の庭木
持つ夫婦が、それらを楽し
める和室を望み、庭の横に
茶室をつくる。

通りに対する敷地の位置

北側　　　南側

駐車スペースの特徴

単数

複数

直角　　　平行
駐車の向き

建物の更新

無

有

東西通りの駐車場タイポロジー

敷地周辺図

駐車スペースに小屋が建つ町並み

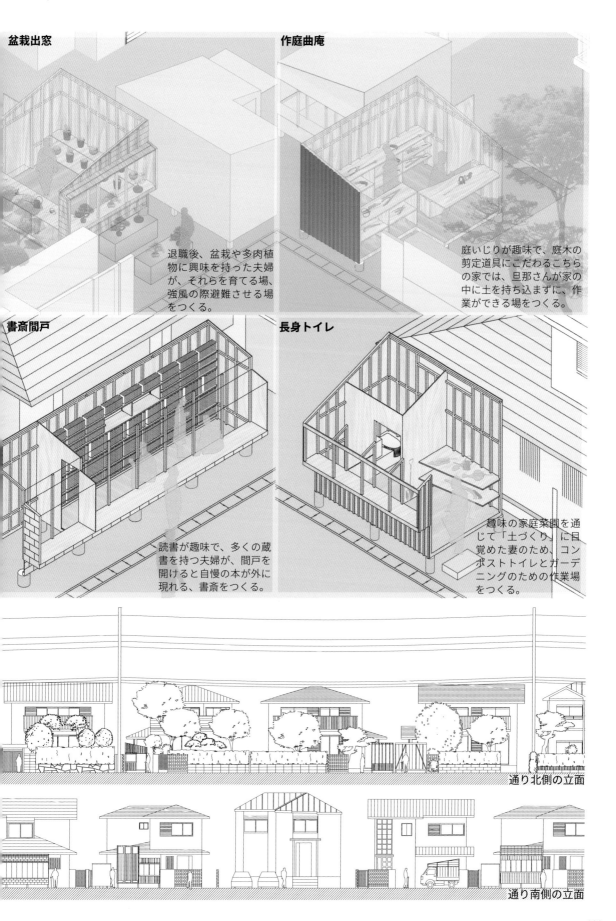

盆栽出窓

退職後、盆栽や多肉植物に興味を持った夫婦が、それらを育てる場、強風の際避難させる場をつくる。

作庭曲庵

庭いじりが趣味で、庭木の剪定道具にこだわるこちらの家では、旦那さんが家の中に土を持ち込まずに、作業ができる場をつくる。

書斎間戸

読書が趣味で、多くの蔵書を持つ夫婦が、間戸を開けると自慢の本が外に現れる、書斎をつくる。

長身トイレ

趣味の家庭菜園を通じて「土づくり」に目覚めた妻のため、コンポストトイレとガーデニングのための作業場をつくる。

通り北側の立面

通り南側の立面

日建学院賞

Symbiosis

猫と暮らすシェアハウス

Program シェアハウス
Site 茨城県つくば市桜

猫 ── それは、一緒に暮らしているだけで幸せと癒しをもたらしてくれる存在である。近年は、猫と一緒にいることで健康効果があることも明らかになっている。猫と暮らしていると自然と生活が豊かになることは言うまでもないだろう。本計画では『相利共生』をテーマに、猫と大学生が共生するシェアハウスを提案する。猫と人は相互に利益を得ることのできる相利関係である。そこに焦点を当て、本来人が暮らすための家を、敢えて猫目線で考え、まるで猫が暮らす空間に人がいるような家をつくる。飼育する猫は、筑波大学講内に住み着く野良猫。筑波大学に住み着く猫を筑波大生の暮らすシェアハウスで育てていく。このシェアハウスで猫も人も充実した時間を過ごしてくれることを望む。

白澤 賢
Masaru Shirasawa

ものつくり大学
技能工芸学部
建設学科
大竹研究室

進路 ▶ ハウスメーカー

 Syimbiosis

猫と人は、相互に利益を得ることができる相利関係である。
人が快適に暮らすことで、猫が家の中が安全な場所だと理解し、自由気ままに暮らすことができる。そして、その光景を見て、人は癒しを得る。この関係性が連続して起こることにより、猫と人が快適に暮らしている空間が作り出される。

猫と人の関係性

幸せと癒しをもたらす

安全な居場所をあたえる・身の回りの世話をする

 **Diagram**

猫の住処＝街の中

JR 吉祥寺駅

猫と共生している街として、吉祥寺を取り上げる。

道路をトレース

道路をトレースして、人通りの多い道を抽出する。

猫の家（小さな街）

猫スケールまで縮小して、小さな街＝猫の家を作る。

猫の3つの居場所

猫がXY軸（平面）だけでなく、Z軸（立面）も移動域として使うことから、壁面に立面的なエリアを設ける。

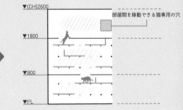

安心

①高い位置

②中間の位置

③低い位置

恐怖

▼(CH)2600
▼1800
▼800
▼FL

部屋間を移動できる猫専用の穴

①高い位置（1800〜2600mm）　安心して居られる高さ・部屋全体を見渡せる高さ
②中間の位置（800〜1800mm）　人を観察する高さ・人と触れ合える高さ
③低い位置（0〜800mm）　人を見上げる高さ・すぐに身を隠せる高さ

300mmグリッドで壁に棚受け用の穴を設け、
自由にキャットタワーのレイアウトができるようになっている。
特定の居場所を作ることが少ない猫にとって、いつもと違う通路ができることにより、
日々の生活を楽しむ要素の1つとなる。

1F Plan

キャッ棚

坪庭

内土間

101
102

103
104

猫寝天井
（1FL+2200）

105

キャットウォーク
（1FL+2000〜2200）

小上がり土間
（1FL+200）

猫寝天井
（1FL+2200）

風呂

洗面・ランドリー

駐輪場

シャワー

共用トイレ

玄関

（軽）　（軽）

0　　　　1820　　　3640

2F Plan

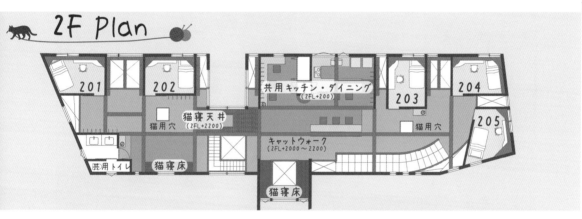

201
202

共用キッチン・ダイニング
（2FL+200）

203
204

猫用穴

猫寝天井
（2FL+2200）

205

猫用穴

キャットウォーク
（2FL+2000〜2200）

共用トイレ

猫寝床

猫寝床

Isometric

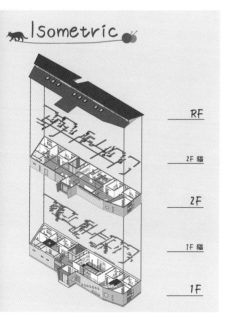

RF

2F 猫

2F

1F 猫

1F

Cat Room

— TSUKUBA —

CHAPTER **3** 作品紹介
GRADUATION DESIGN
CONTEST 2021

まぜこぜ保健室

〜ケアからひろがる
地域の居場所〜

Program 地域の保健室×商業施設×広場
Site 埼玉県さいたま市浦和区北浦和

病院という場は「病気になった人が行く」という印象が強い。しかし、病気になるまでは中間的な部分があり、その際は病院に行かず我慢してしまう。そこで、保健室のような「誰もが気軽に訪れ、話を受け止めてくれる場」が必要だと考えた。

対象敷地であるイオン北浦和店は老朽化が進んでいる。本計画では、ふらりと訪れられる商業施設や広場と保健室をまぜあわせ、日常生活に寄り添う場所として再生することを提案する。建築の形は、地域に対応しつつ、L字型によって人を歓迎し受け入れるようなものとする。この場に来た様々な人が心を開けるよう、みんなのキッチンや暖炉、トップライトなどを設けた複数の空間を計画。保健室が地域に在ることで、人と話すことを支え、自然とケアへつながる建築となる。

染野 奈菜
Nana Someno

芝浦工業大学
システム理工学部
環境システム学科
松下研究室

進路 ▶ 建築設計事務所

【中間的な人】

【身体面】日常生活を送りたい 運動したい
【精神面】心配ごとを聞いてほしい 話し相手がほしい
【知的面】病気について知りたい ボランティアに参加したい

＋

【地域の人】一息つきたいときに ふらっと訪れられる

▼ 保健室へ

医師
福祉施設
【地域へ】
ボランティア

予防 簡単に「うごく」ことができる場
知育 実際に経験者から「教わる」場

相談 「対話」を通じて、相手を理解する場
居場所 「体験・会話・くつろぐ」から話が生まれる場
支援 「雑談・立ち話」によって人々と地域につながりをつくっていく場

仕事場
休憩 気兼ねなく長く休め、「共有の話題やヒトリゴト」ができる場
学校
発信 地域の情報を「共有」し合える場
【地域へ】
商店街

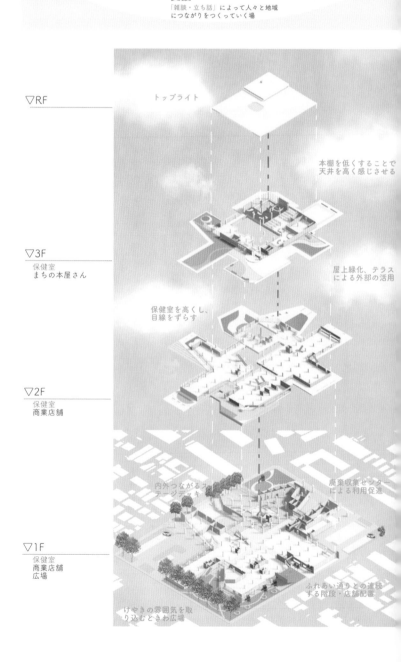

▽RF
トップライト
本棚を低くすることで天井を高く感じさせる

▽3F
保健室
まちの本屋さん
屋上緑化、テラスによる外部の活用

保健室を高くし、目線をずらす

▽2F
保健室
商業店舗

内外つながるステージデッキ
廃棄収集センターによる利用促進

▽1F
保健室
商業店舗
広場
ふれあい通りとの連続する階段・店舗配置

けやきの雰囲気を取り込むときわ広場

【地域に寄り添う施設の課題】
・コスト面による賃貸、規模縮小
・保健室＋αが必要
・他の協力者を知るきっかけがない
・初めての人が入りづらい
×
イオン北浦和店の老朽化
＝
保健室・商業施設・広場
へ再生

【通りに沿った細分化】　【L字型受け入れる形】

【内外との見通し】　【プログラムのまぜこぜ】

中山道

介護老人保健施設

ミューンときわ
＋
テーブルテラス

常盤

さいたまメディカル
センター

北浦和駅

イオン北浦和店

ふれあい通り

浦和所沢バイパス

0 10 20 40 60 80 100 (m)

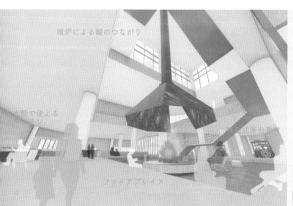

▲中心的シンボルとなる暖炉のある**リビング**

▲外との開閉を自分で選択できる**お話スペース**

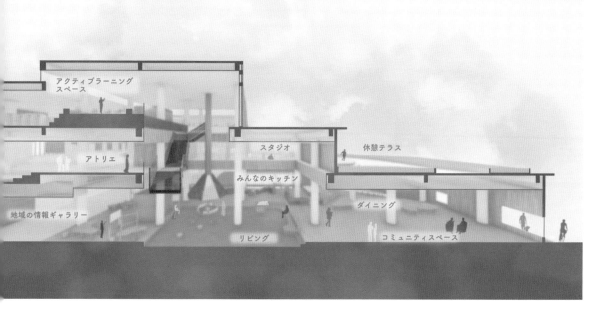

アクティブラーニング
スペース

アトリエ

スタジオ

休憩テラス

みんなのキッチン

地域の情報ギャラリー

ダイニング

リビング

コミュニティスペース

展開

持続する街づくり

Program 集合住宅および併用施設

Site 埼玉県さいたま市大宮区
吉敷町4丁目、北袋1丁目

さいたま新都心駅前開発の一環として、商業化の進む駅前とその先の住宅地をつなげる役割を持たせた集合住宅および併用施設を提案する。鴻沼遊歩道の保存、三菱マテリアル北袋社宅の改修、コンサートやイベント終わりの休憩所他、飲食店などを含む計画で、ベースコンセプトにまちの持続性について取り上げる。まちというコミュニティは、老若男女、あらゆる世代階層の人々が集まって構成され、その持続は一定程度の「出入り」があることによって成り立つ。まちの新陳代謝システムは、たとえ駅前であっても、たとえイベントのまちであっても、たとえばコロナ禍のような前代未聞の事態には適応されないものである。「故郷」になりにくい現代の住宅に対する意識にフォーカスし、まちに価値を生み出す計画をしていく。

冨永 野乃花
Nonoka Tominaga

日本大学
生産工学部
建築工学科
渡辺研究室

進路 ▶ 就職

thought

一般的に、空き家率が30％を超えると、そのまちは急速に荒廃し始めるという。まちというコミュニティを持続させるためには、一定程度の人の「出入り」が必要となる。集合住宅の持続において「入れ替わり」による新陳代謝はいつまで持つか。郊外住宅地の持続において「世代交代」による新陳代謝は成り立つか。

親が住んでいただけのまちは故郷ではないし、子どもが巣立った2階は日常的に使われない。戻るべき故郷はまちではなく切り離された「住宅」であり、使われていない2階の個室である。長く住むことと留まらないことの両立が「出入り」を担う中途半端なまちの展開を示す。

site

埼玉県さいたま市大宮区吉敷町4丁目、
北袋町1丁目

吉敷町と北袋町の堺を流れる鴻沼用水の暗渠を整備した遊歩道を含む一区画。新都心との一体的整備を目指した北袋町1丁目土地区画整理事業が行なわれた。この地区で最も早い段階で開発が進められたが、敷地の土壌浄化を長期に渡り行なった関係で、新開発に取り残され古い商業ビルやアパートが建ち並ぶ。

purpose

・高沼遊歩道の保存
・さいたま新都心駅東口自転車駐輪場の改修
・三菱マテリアル北袋社宅の改修
・コンサートやイベント終わりの休憩所併設
駅を挟んで住宅地同士が離れたさいたま新都心。商業施設のにぎわいと住宅地の親しみやすさの融合を目的とし、商業化した駅周辺と住宅地をつなげる役割を持たせた集合住宅および併用施設の提案。

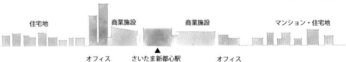

住宅地　　　　　商業施設　　　　商業施設　　　　マンション・住宅地
オフィス　　さいたま新都心駅　　オフィス

concept

住宅地でも商業施設でもないまちづくり
帰る場所は「住宅」から「まち」に、過ごす場所は「まち」から「住宅」に。誰の場所でもない空間が誰かの居場所になる。自分だけの空間は開かれ、誰かの空間は自分のモノになる。

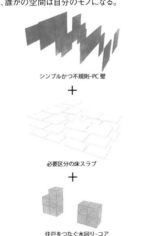

シンプルかつ不規則-PC壁
＋
必要区分の床スラブ
＋
住戸をつなぐ水回り-コア
▼

diagram

従来の片廊下、北側玄関の間取りを避け、遊歩道にパブリックな空間を設けたリビングアクセス型を採用。単純プランの中に通風、採光の調整を行う。

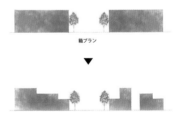

箱プラン
▼

遊歩道や北側リビングにも採光と通風を確保

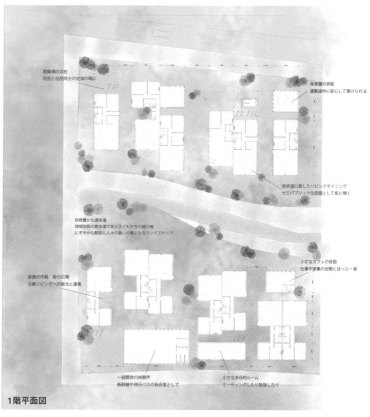

駐輪場の点在
防犯と住民同士の交流の場に

保育園の併設
通勤途中に安心して預けられる

遊歩道に面したリビングダイニング
セミパブリックな空間として街に開く

自然豊かな遊歩道
地域住民の散歩道であり子どもたちの遊び場
にぎやかな駅前に人々の憩いの場となるランドスケープ

小さなカフェの併設
仕事や家事の合間にほっと一息

家族の中庭　街の広場
北側リビングへの採光と通風

一般開放の休憩所
新幹線や夜行バスの待合室として

小さな多目的ルーム
ミーティングしたり勉強したり

1階平面図

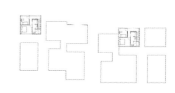

2階平面図

3階平面図

4階平面図

008

フラワーヒル結の街

活動と人が染み出る住宅地へ

Program コミュニティセンター
Site 埼玉県狭山市

地域性の希薄化が進む現代社会の中で、地域交流、ご近所付き合いを見直す提案をする。敷地は埼玉県狭山市の郊外住宅地フラワーヒル。ここでは住民と近隣商店街が協力して行う朝市や、地域活動が多く行われている。しかし、その活動の多くは、開催時間、場所が異なる。そこで改めて地域活動の場をつくり、「ここに来れば、何かがある、誰かがいる」という住宅地の象徴であり憩いの場にすることを考えた。住民と地域の人々がお互い協力し合い、フラワーヒル住宅地を中心として地域コミュニティの構築や強化を期待する。

川邊 嵩大
Shuta Kawabe

日本工業大学
工学部
建築学科
小川研究室

進路 ▶ 就職

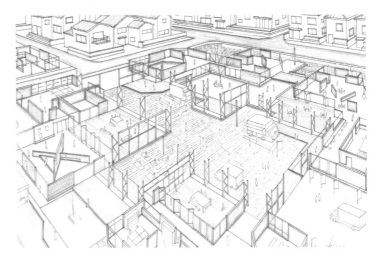

中心に大きなホールを設け、周りに小さなボリューム（地域活動の場）を設け、異なる活動や人を繋げる。

住宅地内で週一回、開催される朝市のためにマルシェ空間は鉄骨トラスに膜で覆われた構成となっている。人や車が集まりながらも閉塞感の感じにくい空間作りを目指した。

館内の壁は間引きながら配置することで、廊下と部屋の延長のような空間づくりを行った。このことで、交流のきっかけづくりになると考えた。
さらに壁の角度を変えながら配置することで、視線の通り方に変化を加える。

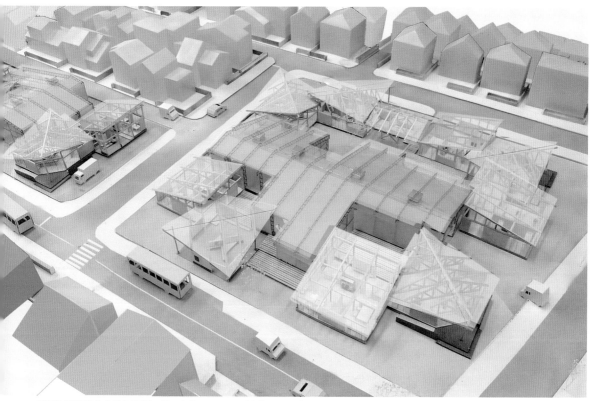

異形切妻屋根と片流れ屋根の組み合わせで、人の誘導やトップライトといった効果を生む。屋根架構は木造になっており、温かみと親しみやすさを感じさせる空間となっている。

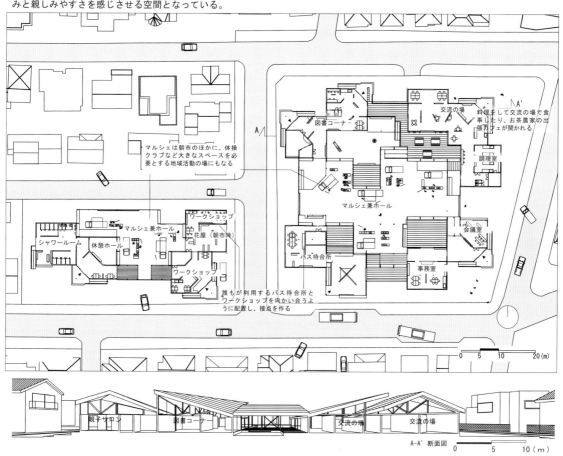

図書コーナー

マルシェは朝市のほかに、体操クラブなど大きなスペースを必要とする地域活動の場にもなる

交流の場

料理をして交流の場で食事したり、お茶農家の出張カフェが開かれる

調理室

マルシェ兼ホール

会議室

バス待合所

事務室

ワークショップ

花屋（朝市時）

マルシェ兼ホール

シャワールーム

休憩ホール

ワークショップ

誰もが利用するバス待合所とワークショップを向かい合うように配置し、接点を作る

0　10　20 (m)

親子サロン　　図書コーナー　　交流の場　　交流の場

A-A' 断面図　　0　5　10 (m)

009

つながり保育

高架下利用の提案

Program 保育施設
Site 埼玉県春日部市 春日部駅

駅が中心市街地を分断し、なおかつ東口・西口間の移動を制限している。そのため、東西一体となった賑わいがないという問題を解決できないかと考えた。『新建築』2005〜2019年の中から駅関係の工事や線路下空間の利用事例をピックアップし、それぞれの駅やまちにあった問題をどのように解決したかを比較し、卒業研究とした。春日部駅のように駅が中心市街地を分断して交通渋滞を生んでいた駅もあれば、その土地の地場産業を生かして駅をそのまちの象徴とする例もあった。そして卒業研究で分かったことを生かし、駅が高架化されたと仮定して、その高架下空間がまちの賑わいを生むような計画を立てた。
高架下に保育所を設けることで子どもがまちの賑わいをつなげ、春日部市の少子化問題も解決する。

橋本 佳奈子
Kanako Hashimoto

日本大学
生産工学部
建築工学科
渡辺研究室

進路 ▶ 建築 内装業

東西一体となった賑わいをつくる

交通渋滞の緩和

右図を見ると、駐車場、スーパー、学習塾などが1カ所に集中しているのではなく分散している。よって、東西を行き来できる道をいくつか分散させることで偏りなく利用できる。そして、交通渋滞の緩和も期待できる。

赤:駐車場 黄:スーパー、ショッピングモール
青:学習塾

敷地

駅前広場 ロータリー問題

春日部駅は、東武スカイツリーライン（久喜〜中央林間方面）と東武アーバンパークライン（大宮〜船橋方面）が乗り入れ、乗換駅として利用されることも多い。よって様々な方面へ向かう学生や通勤客がいる。送迎の車が一時的に駐車できるようなロータリーについても、東西の行き来をしやすくする必要がある。

子育てのしやすいまちづくり

通勤時間と子育ての関係

春日部市の人口は年々減り続けている。一方世帯数は増えている。それは、1世帯当たりの人数が減っていることを意味する。女性が生涯に産む子どもの数が少ない原因は、女性の就業と子育ての両立がうまくいってないからである。
春日部市の近隣にある越谷市、草加市の中でも春日部市が都心への距離が一番遠いにもかかわらず東京23区へ通勤している女性の割合は高い。しかし3市の保育所、児童保育所の延長時間を見ると、春日部市は他の市よりも30分早い。春日部市は都心から一番時間がかかるにも関わらず、児童保育所の閉園が早いことから送迎を考えると時間に余裕がないことがわかる。共働き世代が都心で勤務している場合を考えると、仕事と子育ての両立が比較的難しいと言える。

子どもの安全を考える

大通りに子どもが飛び出さないような工夫

車通りの多い道に沿って子供が外に出れない高さ1000㎜の壁をつくる

公園・空地があるため、日が当たる柱から2000㎜避け、囲まれている場所を設ける

まちの人は外から子供の様子を見ることができる

子どもと大人の目線の違い

振動・騒音から子どもを守る

建物を二重にすることで空気伝播音（くうきでんぱおん）を少なくする。高架柱から2000㎜避けて建物を設けることで個体伝播音（こたいでんぱおん）を少なくする。また、中庭のような小空間がスポット的にたくさん生まれ、それらの小空間からの自然光の広がりや通風を期待できる。

平面図2階

平面図1階

断面図A-A´

立面図西側

012

異文化共生

「外国人」から
「〇〇さん」へ

Program 複合交流施設
Site 埼玉県川口市芝園町

近年、まちなかを歩いていると外国人を見かける機会が増えてきた。しかし、外国人と日本人は同じ地域に住むという意味での「共存」はしているが、共に生きていくという意味での「共生」はできていない。そんな地域社会へ、日常生活の中での外国人と日本人のつながりが生まれる場を提案する。グローバルなイメージを持った京浜東北線沿線と細やかなイメージを持った住宅街に囲まれた計画地にそれら二つの要素、いわば表と裏が織り合わさる空間を「おりがみ」の特性を参考にしながら設計する。そして、周辺環境を取り込むように織り合わされた建築は、単に地域に存在する建築ではなく、地域の外側へと発信するまちのシンボルとなる。

田島 悠斗
Yuto Tajima

芝浦工業大学
システム理工学部
環境システム学科
澤田研究室

進路 ▶ 芝浦工業大学大学院

Social Background

在留外国人は日本での生活において言語の不自由さや子育てに関してなど日常生活の中での不安や心配事を多く抱えている(Fig.1)。また、自身と異なる国籍の人と関りを持ちたいと考えている人は外国人は約8割存在しているのに対して日本人は約2割しか存在しない(Fig.2)。

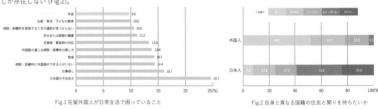

Fig.1 在留外国人が日常生活で困っていること

Fig.2 自身と異なる国籍の住民と関りを持ちたいか

Site - 埼玉県川口市 -

東京都と各都道府県の間で外国人の転入超過数が最も高い数値を示す埼玉県では、外国人の数が年々増え続けており、中でも転入超過数・在留外国人比率が他の市区町村よりも高い川口市を計画地に選定した。

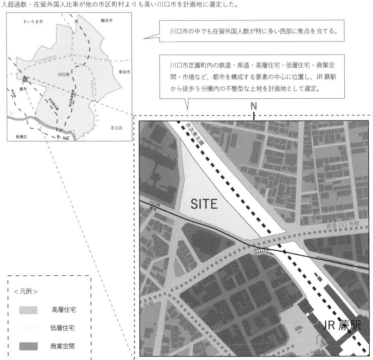

川口市の中でも在留外国人数が特に多い西部に焦点を当てる。

川口市芝園町内の鉄道・県道・高層住宅・低層住宅・商業空間・市境など、都市を構成する要素の中心に位置し、JR蕨駅から徒歩5分圏内の不整型な土地を計画地として選定。

<凡例>
高層住宅
低層住宅
商業空間

SITE

JR 蕨駅

Design

－おりがみを用いた建築計画－

都市を構成する様々な要素と面し、いろいろな方角、角度、電車、車、歩行者、マンションからの見え方がある不整形なこの敷地に、「おりがみ」1枚を幾重にも織り重ねてデザインアプローチを行った。

－デザインプロセス－

視線計画
電車・車・歩行者・高層マンションなど様々な方向・角度からの視線（　）に対応する外観を形成し、まちのそとへと活動を発信するデザイン

動線計画
駅からの動線（－）と高層住宅側からの動線（－）を敷地内に取り込み、地域住民と外国人が『敷地内で交わるデザイン

広場デザイン
広葉樹林を規則的に配置することでどこからでもアプローチでき、異文化の地でも利用しやすい開放的な広場空間のデザイン

緑地デザイン
針葉樹林を配置し、住宅側に対して落ち着いた印象と穏やかな雰囲気を生み出す緑地のデザイン

「おりがみ」を織り重ねて形態を形成することで多様な形態が一つの形態として統合されるだけでなく、壁や床や屋根といった建築言語が一体となり内部空間と外部空間が調和する。このようにしてそれぞれの空間での活動が伝達しあい、敷地内を通る人や利用する人同士の偶発的な出会いが生まれる。

Plan

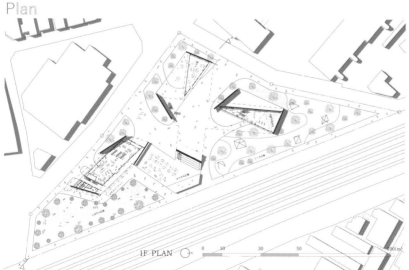

1F PLAN　　0　10　　30　　50　　100(m)

休日には屋台が立ち並ぶ敷地内の街路空間

まちなかへと活動が波及する『ものづくりの庭』

木々の中で心を落ち着かせる『こころ広場』

大きな吹き抜けと開放感のある緑地に面する市役所出張所

鉄道や県道を見渡し、都市の流れを感じる『見晴らしテラス』

Minimal street housing
渡りゆくアドレスホッパーの暮らし

埼玉県行田市の
足袋蔵エリア改修計画

Program 離散分散型施設
Site 埼玉県行田市

昨今、住まいの多様な考え方により、アドレスホッパーという家を持たずに、各拠点を渡り歩くライフスタイルがみられる。埼玉県行田市は数多くの足袋蔵が点在している。しかし、多くの蔵が遊休化、老朽化している現状や、足袋蔵経路探索調査による南北間の蔵同士の連携など残された課題が多い。以上より、点在する足袋蔵とアドレスホッパーのライフスタイルをマッチングさせ、まちの認知や継続的な来訪に向けたまちづくりに繋げる他、足袋蔵が利活用されるような計画とする。計画地である3つの蔵を、各々「寝蔵」「食蔵」「本蔵」の用途に分類し、まちの移動を促した「離散分散型」を拡張した暮らしをつくる。各々の蔵は、壁の通気層や開口部の増設、本棚の構造補強など必要最低限の延命措置に留めた。

島田 崇弘
Takahiro Shimada

ものつくり大学
技能工芸学部
建設学科
戸田研究室

進路 ▶ 真柄建設株式会社

1．背景

アドレスホッパー

家を持たず，
必要最小限のモノを所持して，
各拠点を渡りゆくライフスタイル。

足袋蔵

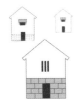

埼玉県行田市には，
足袋蔵が数多く点在している。

2．足袋蔵経路探索調査

2019年9月に，日本遺産推進協議会より委託された「参加者行動経路探索調査」を行い，来訪者の人数や世代別の測定，そして点在する足袋蔵を来訪者がどのような経路で探索しているのかを調査した。

北部＋中部＋南部エリアパターン

南部＋中部エリアパターン

・改修模型

時田足袋蔵（寝蔵）

行田窯（本蔵）

今津蔵（食蔵）

行田市 MAP 模型

3．計画概要

アドレスホッパー

各拠点を渡り歩く
ライフスタイル

＋

足袋蔵

数多く点在

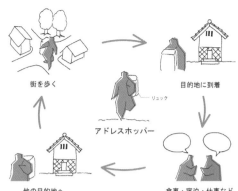

街を歩く　　　目的地に到着

アドレスホッパー

他の目的地へ　食事・宿泊・仕事など

足袋との関係が絶たれた足袋蔵を，
アドレスホッパーの渡りゆく暮らしの場にする。

内部の機能を一部不足させ，不足を楽しむ暮らし

↓

町へ繰り出すよう，経路の普及を促進させる。

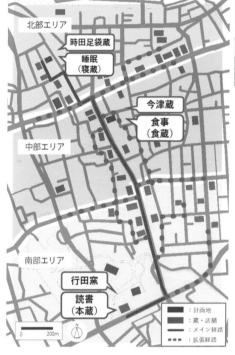

北部エリア
時田足袋蔵
睡眠（寝蔵）

今津蔵
食事（食蔵）

中部エリア

南部エリア

行田窯
読書（本蔵）

■：計画地
■：蔵・店舗
—：メイン経路
‥‥：拡張経路

0　200m　N

時田足袋蔵	今津蔵	行田窯
（外壁：トタン張り）	（外壁：トタン張り）	（外壁：木板張り）

用途

足袋保管庫	住宅兼店舗	原料保管庫
▼	▼	陶芸工房 ▼

新たな用途

睡眠（寝蔵）	食事（食蔵）	読書（本蔵）

点在する足袋蔵の南北間の移動距離をポジティブに捉え，
来訪者の動向から蔵の連携が見られなかった
経路パタンに着目し，エリアを繋ぐ暮らしを提案。

アドレスホッパーが蔵だけを住まいにするのではなく，
付近のエリアで住まいを確定させ，
「離散分散型」の拡張した暮らしをつくる。

4．改修計画

  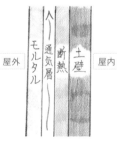 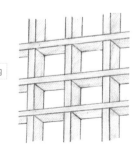

各々の蔵は移動距離に難が
あるため自転車移動の計画

↓

土間に駐輪スペースを設け，
滞在と移動に配慮

北西風活用：滑り出し窓
換気・通風

↓

時田足袋蔵

壁厚活用：通気層

↓

今津蔵

木構造補強：本棚

↓

行田窯

外壁をアドレスホッパーのミニマムなライフスタイルに合わせた
最低限の延命措置

隣社

Program 地域計画
Site 東京都新宿区

2020年、新型コロナウイルス感染症の蔓延を経験し、我々の生活は大きく変化した。色々と慣れないところもあったが、メリットもデメリットもあった。近い未来、コロナは世界から消えるだろう。その後、今ある我々の都市と生活はどのように変わっていくのか、そして我々の都市をどうやって最適化していけば良いのか？このテーマを持ちながら、四ツ谷四丁目の様々な地域問題を改善するプログラムを提案したいと考える。

劉 文彪
Ryu Bunhyo

東洋大学
ライフデザイン学部
人間環境デザイン学科
櫻井研究室

進路 ▶ 大学院受験

---

1 コロナを経験し、我々の生活は変わった

変化は一時的とはいえ，我々の社会は効率が高まる方へ変化していく。近い未来，コロナは世界から消える。今ある我々の都市と生活はどのように変わっていくのか、都市をどうやって最適化すればいいのか？が今後我々にとって重要な課題になるであろう。

2 以前、建築家が 考える都市未来像

現在の都市空間はだんだん空洞化し、その空洞がだんだん緑に満たされていく。都市の密度は低くなる。

3 箱→箱の生活を 箱から拡散する生活に

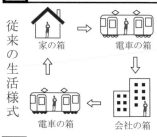

従来の生活様式：家の箱 ⇒ 電車の箱 ⇔ 会社の箱 ⇔ 電車の箱

新たな選択肢：家の展開、家の箱

4 敷地考察

富久町　四ツ谷四丁目　新宿御苑

「四ツ谷四丁目」

・密集木造住宅地

・狭い道路（＜4m）

・接道義務違反建築

・行止りによる避難困難

機能配置

コワーキングスペース

家の展開、屋上庭園

カフェレストラン

5 プログラム

現状

・道路幅が4mに満たない

・両側の住宅が建築基準法の接道義務違反

・狭い道路の先が行き止まりで避難困難

ステップ1

・4m道路を二本配置し、行き止まりの路線をつなげる

・4m道路によって、一部の住宅を救い、合法化する

・階段の幅を広くし、安全性を高める

ステップ2

・ステップ1では救えなかった建築を解体する

・その空地をステップ1で救われた住宅の所有者に売る。

・それぞれの空地を繋ぎ、三つの大きな敷地にする。そこで今回の施設を設計

6 ビジネスモデル

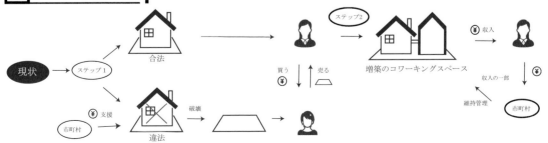

016

これからの働く場所

再び目指す、
職住近接型都市

Program 職住近接型オフィス
Site 東京都日野市豊田

アフターコロナにおける働く場所の提案。コロナ禍においてデジタル化は大きく進んだが、一方でテレワークによるさまざまな問題も見つかった。そこでそれらの問題を解決し、テレワークのポテンシャルを引き出す新たなオフィスを計画する。新たなオフィスのプロトタイプと数種類のバリエーションを設計し、汎用性と拡張性を提案する。また、日野市の地理的特徴である水路を積極的に活用すること、各敷地に水盤と水車を配置することで場所性の顕在化と新たな景観形成を図る。以上の提案により、新たな働き方に対応し、まち全体の価値を向上させるための可能性を示す。

川口 郁也
Ikuya Kawaguchi

東京電機大学
理工学部
建築・都市環境学系
岩城研究室

進路 ▶ 就職

これからの働く場所として職住近接型のオフィス

都市に集積したオフィスが郊外に分散することで、小さな経済圏が形成された自律型衛星都市として地域の価値や生活の質を向上させる。

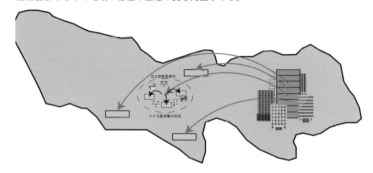

汎用性と拡張性

これからの働く場所としてのオフィスの提案としてオフィスのプロトタイプと数種類のバリエーションを設計する。これらのオフィスを街の様々な場面に配置していくことで、ワークスペースのネットワークをつくり上げ、そこで集う人々の循環によって小さな経済圏を生み出し、街全体の価値を向上させる可能性を探る。

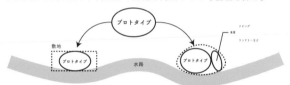

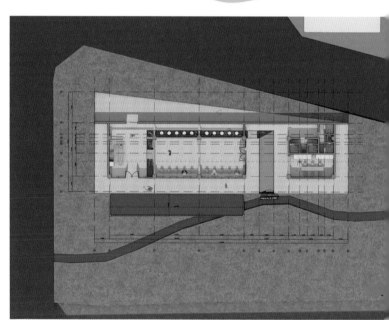

プロトタイプの設計

1. 水路に対し水車、水盤、オフィスに配置する。
2. 大きなフラットルーフで木陰をつくり、また水面に反射した光の投射面にする。
3. 水路に対し開けた眺望になるように開口を設け、その開口の元にワークスペースをつくる。
4. 間仕切りは固定、可動、透過、透光など数種類使い分けることで、オフィス空間の連続と分節の調整を行う。

```
ランドリー
リビング
東屋
敷地内に引き込む水路
など
```

場所性の顕在化と新たな景観形成

　拡散・拡大するオフィスは時間の経過とともに水路を伝い、全て水路に面した敷地に配置する。オフィスは水路を中心に水路→水車→水盤→オフィスの順に求心的に配置する。これらを統一することで、豊田というこの地域の場所性を顕在化する。また水車と水盤を設けることで働く場所の象徴となり、新たな景観形成を行う。

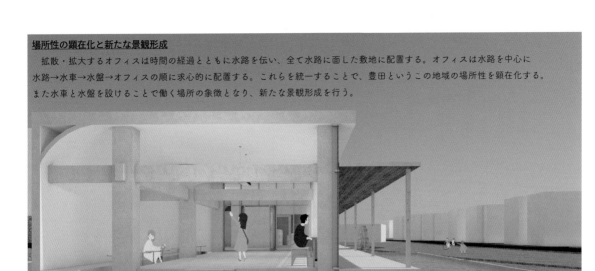

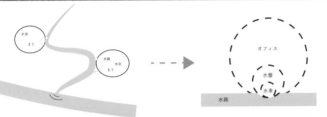

河川を水系軸とする水路によって水の「反復利用」が行われている状態の概念図からこの地域におけるオフィスの要素に置換えた。

Prototype

Plam A　　　Plan B　　　Plan C　　　Plan D

017

向こう三軒両隣の再編

不安の共有による新たなつながり

Program 複合交流施設
Site 東京都調布市国領

かつて日本では向こう三軒両隣と呼ばれる生活文化が存在し、近所の人との助け合いで生活が成り立っていた。住民たちは、醤油や味噌の貸し借りなど他人に対して思いやりを持ち、道の掃除を通してまちを思いやる心を持っていた。しかし、生活が便利になったことで向こう三軒両隣の助け合いは衰退した。失われてしまった向こう三軒両隣の精神を現代のかたちに合うように再解釈し、再び編む。都営団地に住む単身高齢者を主対象として、学習に困っている子どもや就労に困っている人と、不安の共有によるつながりをつくる。団地に囲まれた谷底のような空間に広やかなランドスケープを計画することで空間の質や都市の中での団地空間の在り方を改善し、様々な人が訪れることにより「共助の必要性」を社会に伝えていく。

小松﨑 楓
Kaede Komatsuzaki

芝浦工業大学
システム理工学部
環境システム学科
澤田研究室

進路 ▶ 芝浦工業大学大学院

富の共有から不安の共有

かつての向こう三軒両隣では、共同体での経済的な助け合いが行われていた。現在では、家庭で食事をとることが難しい子どもや親が無料(安価)で食事をとることができる「子ども食堂」、生活の場を共有する「シェアハウス」など、個人の不安を共有する連帯が生じている。今日において助け合いの精神を復活させるには、個人の不安を共有する連帯を生じさせることが必要である。

家族同士(近所同士)での貧困による経済的な助け合い　　個人同士(近所ではない)で不安や寂しさを解消する助け合い

Site

都営アパートが集まる団地の低層部と公園、広場を対象敷地とした。都営住宅とは、定所得以下の低額所得者向けの住宅である。団地内には杖をついて歩いたり、ひとりで車椅子をこぐ単身高齢者が見られ、団地のコミュニティから孤立している。その他に学習塾に通うことのできない子供や就労に困っている人も住んでいると考えられる。

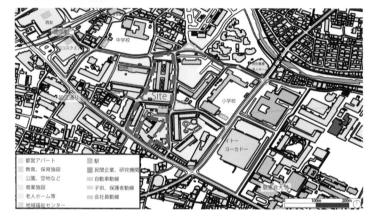

System

「農」を通して団地に住む人々がお互いに助け、助けられという関係を構築し、異なる不安を共有しつながりを作る。　そこに地域住民が関わることで共助の必要性が多くの人に伝わっていく。

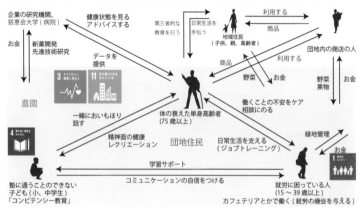

Concept

10階建てのアパートが集まる都営団地の低層部をリノベーションすることで、元々存在する谷底のような空間に人々の活動を生み出し、空間の質や都市の中での団地空間の在り方を180度変化させる。

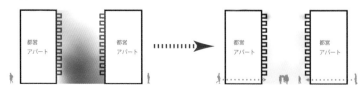

Diagram

団地住民

地域住民

団地の和室　団地の子ども部屋

ココスクエア　　　朝市広場　　　農作物貯蔵庫　園庭・園舎　　都市のパブリックスペース　　イトーヨーカドー

交流棟　Section

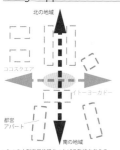

南エリア

交流棟

北エリア

Design Approach　－４つのコンセプトレイヤーを重ね合わせて計画を検討する－

北の地域

ココスクエア　　　　　イトーヨーカドー

都営アパート

南の地域

・２つの大型商業施設をつなげる動線を考える。
・団地の界隈と南北の地域をつなげる動線を考える。

中学校

公園
幼稚園　　　North
公園　　　　Area　　　緑地
幼稚園　　　　　　　　幼稚園

Station

South
Area

1階部分コンバージョン　狛江通り (City)

・北側は幼稚園のお散歩として使ってもらえるよう歩く距離が長くなるジグザグ状の街路とする。
・南側は都市の忙しさから逃れることができるようゆったりと歩くことのできるS字街路とする。

Architecture

・ランドスケープに顔見知りの関係をつくりやすくする円形の椅子やパーゴラなどを配置する。
・ランドスケープで育まれる小さなコミュニティが建築での活動を活性化させる。

交流棟

・交流棟へ引き込むグリッドを用いて、交流棟と南北のランドスケープをつなげる。

FolPod
モバイル個室空間

Program モバイル個室空間
Site ---

IT技術が発展し、繋がりすぎる現代社会に人々は疲弊している。 今一度自分自身を守り、見つめ直す個室空間が我々には必要である。そこで本設計ではモバイル個室空間を提案する。 今回の設計を行うにあたり、素材の選定から、ケント紙の折り曲げ角度などの検討をいくつも重ねた。そして、Grasshopperを用いた形状の検討を行うことにより、最適な個室空間の形状を作成。また、選定された形状に対して構造解析を行い、それぞれにかかる応力を求めた。今回作成したユニットを結合し再構築することで、オリジナルの個室空間を誰でもどこでもつくることが出来る。 FolPodは今回の設計に留まらず、今後も様々な要素を取りいれ、より発展的、拡張的なものへとなっていく。

岡本 衛
Mamoru Okamoto

東京電機大学
未来科学部
建築学科
小笠原研究室

進路 ▶ 東京電機大学大学院

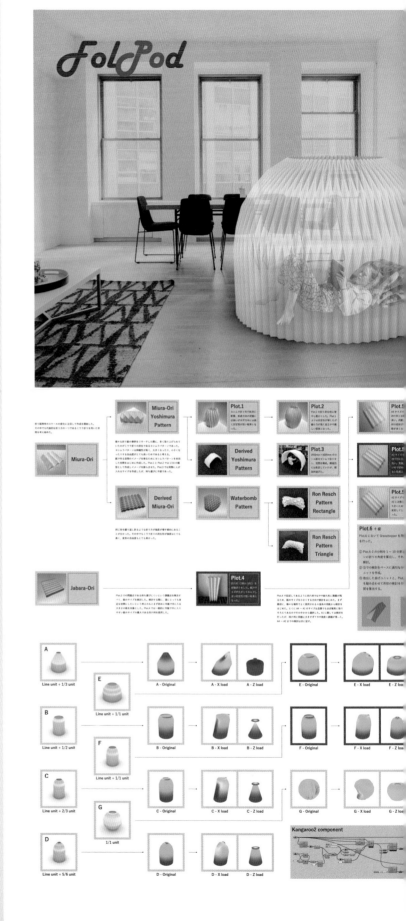

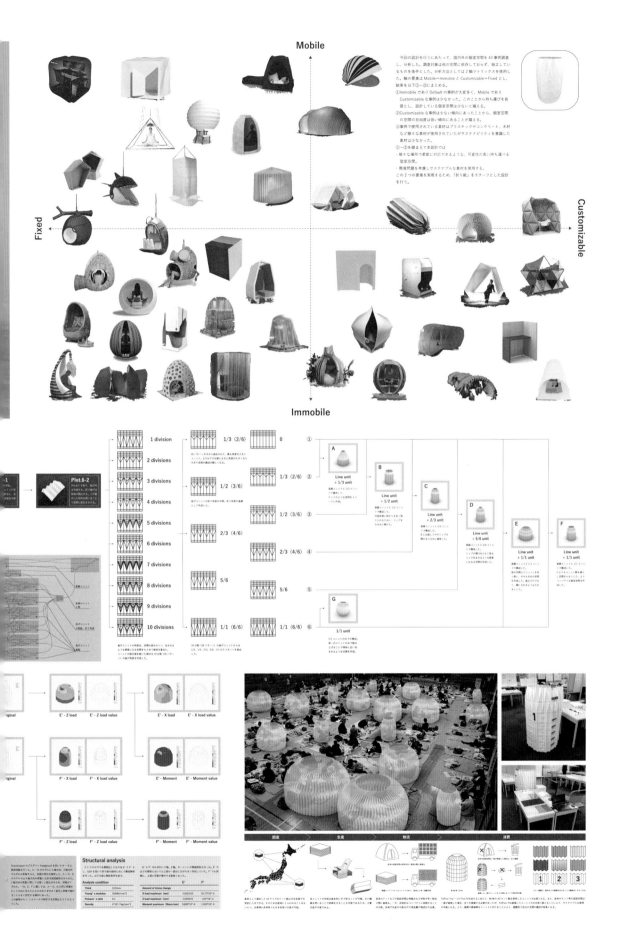

巡る通学路
子供の居場所づくりの物語

Program 小学生の居場所併用住宅
Site 東京都杉並区善福寺

地域コミュニティの希薄化、核家族、共働き世帯の増加など、様々な社会環境や生活様式の変化は、子どもたちの居場所や人との交流の機会を減少させているのではないだろうか。対象地域とした杉並区は、児童館の廃止や再編により、小学生の居場所や多世代交流の機会を失ってしまうと懸念の声が上がっている地域である。本提案では、小学生の通学路内であり、地域資源ともいえる善福寺川沿いに、住民の趣味や個性を生かした異なるテーマを持つ子どもの居場所を併用した住宅を4軒設計した。これらの住宅が、住民主導の居場所づくりの物語のきっかけとなる。小学生は放課後に、通学路内の各住宅に寄り道することでまちを巡り、住民主導の居場所づくりが、豊かな活動や人との出会いを生むだろう。

廣木 千咲子
Chisako Hiroki

芝浦工業大学
システム理工学部
環境システム学科
澤田研究室

進路 ▶ 芝浦工業大学大学院

Site

計画敷地の選定は、桃井第四小学校の児童の通学路であり、地域資源とも言える善福寺川沿いを選定することで、下校中の小学生と、地域住民の交流を目指した。また、井荻小学校の児童も引き込むことができる敷地である。

Proposal

子供の居場所を併用した住宅を提案した。地域貢献意欲のある住民が自邸の一部をまちに開くことで、まち全体で子供を見守る体制の構築を目指した。

Story & Theme

鈴木さんちの音楽が川や風の流れとともに聞こえてきて、川沿いに人が集まる

—物語 1—

音 の居場所

音楽家夫婦の鈴木さんち

音楽家として活動する鈴木さん夫婦が、自身の音楽活動をまちに広げようと、子供たちに音楽スタジオを開き、子供の居場所づくりの物語が始まる。職業を活かした音楽スタジオは、小学生にとって"音"の居場所となる。

大きな開口の先の土間キッチンからの美味しいにおいに誘われて小学生が集まる

—物語 2—

食 の居場所

アウトドア好きな福田さんち

鈴木さんの様子を見て、福田さんは、"食"をテーマに居場所を開放する。オープンな庭や大きな開口の先の土間キッチンから、食べ物のにおいがし、小学生の味覚と嗅覚を刺激させる居場所。

扉を開けると子供たちと一緒に読書を楽しめる杉本さんちのリビング

—物語 3—

知 の居場所

読書が趣味の杉本さんち

地域貢献意欲が広がり、子育てを終えた杉本さん夫婦は、趣味の読書を活かして、本のへやを開放する。子供たちは本を通して、見て、聞いて、話して、知識を増やす"知"の居場所とする。

創る庭と内外一体となり、創作活動を行う池田さん家の工作の部屋

—物語 4—

創 の居場所

手芸が趣味の池田さん

手芸が趣味の単身高齢者の池田さんは、子供たちに創作活動の場を開放。奥にある庭へ興味を持って入ってきた子供たちは、奥庭と一体となる空間で多くのものに触れ、創造性を養う。

住民主導の居場所づくりの物語から構築された「巡る通学路」が、

小学生に人との出会いや、個性を感じる場を与え、放課後の活動を豊かにする。

小学生がまちを巡ることで、地域コミュニティが活気づき、住民主導の居場所づくりはこのまちの個性となる。

この提案での物語は序章であり、多くの人々、多くの地域に広がり、物語が続いていくことを願う。

子供が寄り道するお田さんちの土間キッチン　広場と一体となる鈴木さんちの音楽スタジオ　杉本さんちの多くの本に囲まれる本のへや　奥にいくにつれて広がる池田さんちの刻る暮

Section

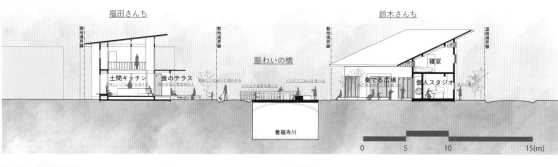

福田さんち　　　　　　　　　　　　　　　　　鈴木さんち

土間キッチン　食のテラス　賑わいの橋　奏でる広場　寝室　個人スタジオ

善福寺川

0　5　10　15(m)

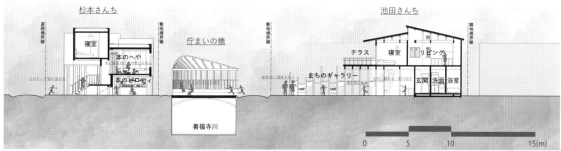

杉本さんち　　　　　　　　　　　　　　　　池田さんち

寝室　本のへや　佇まいの橋　テラス　寝室　リビング

本のピロティ　まちのギャラリー　玄関　洗面　浴室

善福寺川

0　5　10　15(m)

022

企業城下町
再編計画

まちと企業の接点のデザイン

Program 複合施設
Site 茨城県日立市弁天町

近代、産業革命以降に第二次産業、主に製造業で栄えた日立市にて、まちと企業の接点をつくるための「体験や研修により交流を生む複合施設」を提案する。第二次産業の発展により、工場は公害や環境問題を引き起こす要因となり、住民にとって邪魔者扱いされてきた。しかし対象敷地である日立市は、日立製作所工場と共に近代の成長を遂げてきたといっても過言ではなく、市街地、生活空間に隣接して大規模工場群が建っている。現状、双方は互いに害しあわずに共存しているが、まちと工場が隣接するこの地だからこそ、双方の関係性を再編することが可能ではないだろうか。建築というツールを用いて、まちと企業の工場とのバッファーゾーンをデザインする。

川上 芳輝
Yoshiki Kawakami

東洋大学
理工学部
建築学科
伊藤研究室

進路 ▶ 東洋大学大学院

第二次産業の背景

高度経済成長期以前　　1960—1980　　　　　　　　公害、環境問題
　　　　　　　　　　高度経済成長期

高度経済成長期以降、工場は公害や環境問題を引き起こす要因として、生活空間から邪魔者扱いされてきた。都市計画により、まちの中心から切り離され、住宅などから距離をとってきたという背景がある。

「ものづくりのまち」茨城県日立市

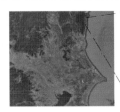

対象敷地とする日立市は、人口およそ 170,000 人の地方都市でまちと工場が隣接するという特徴がある。これは日立市とこの地に存在する日立製作所の歴史的背景が深く関わっている。約 100 年以上前からこの隣接はする状況は継続している。

まちと企業の接点をデザインする

現在、まちと工場の共存が見られる日立市において、双方の共生を目指す建築を提案する。まちと工場に存在するギャップを以下の建築操作とプログラムを用いて解消する。

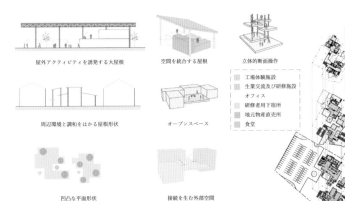

屋外アクティビティを誘発する大屋根　　　空間を統合する屋根　　　立体的な断面操作

周辺環境と調和をはかる屋根形状　　　オープンスペース

凹凸な平面形状　　　接続を生む外部空間

　　工場体験施設
　　生業交流及び研修施設
　　オフィス
　　研修者用下宿所
　　地元物産直売所
　　食堂

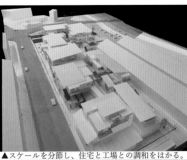
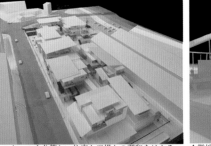

▲スケールを分節し、住宅と工場との調和をはかる。

▲微地形を活用した西側のエントランステラス。

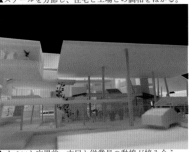
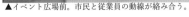

▲イベント広場前。市民と従業員の動線が絡み合う。

▲ものづくりの風景が染み出す外部空間。興味を

企業城下町再編計画

―まちと企業の接点のデザイン―

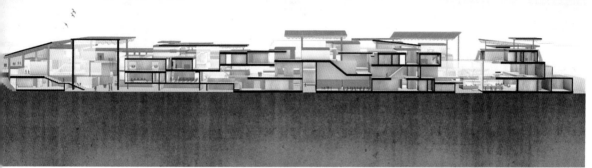

▲南側断面パース。住宅などのまちスケールと、工場という大規模スケールに合うように建物は分節され、内部は平面、断面のずれにより連続性を持つ。

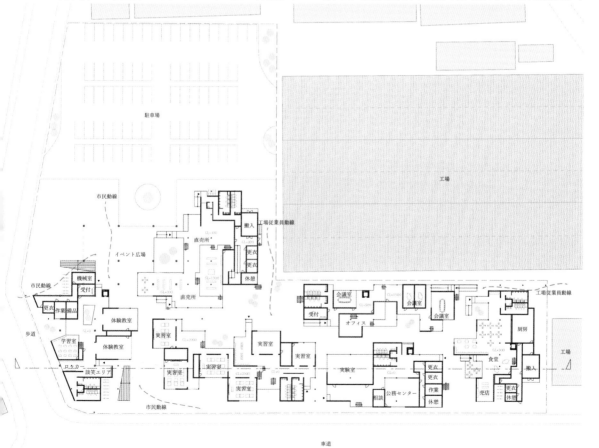

▲一階平面図兼配置図。まちと工場のスケールを繋ぐようにボリュームを分節。半外部、外部空間を挿入することで接点をつくる。

023

交わる伝統

桐生市の織物産業を
再発信する提案

Program 工房・展示場施設
Site 群馬県桐生市

群馬県桐生市。国指定の伝統的工芸品に加え群馬県指定のふるさと伝統工芸品が数多く存在する、古くから織物産業が盛んなまちで、企画から製造まで多くの工程の技術が集積した織物の産地である。しかしながら伝統工芸品は生活スタイルの変化や高齢化の進行も関係し規模が縮小している。このような現状を変化させるためには、従来の定義を守りつつ別の視野で伝統工芸品を捉えることも必要であると考える。この設計では伝統工芸品をアートと捉え、アーティスト・イン・レジデンス事業と伝統工芸品を組み合わせ、芸術作品としての付加価値を与えることで新たな工芸品を発信できる施設を提案する。レジデンスアーティストを介入することで仕事が人を呼び、人がさらに人を呼ぶ理想的な循環を目指す。

亀井 礁
Sho Kamei

東京電機大学
未来科学部
建築学科
日野研究室

進路 ▶ 東京電機大学大学院

会議室から応接室・工房

中庭を見る

アトリエ ギャラリー

工房

エントランスデッキから応接室

道路からエントランスへ

伝統工芸品の工房、アーティストのアトリエ、伝統工芸品のギャラリー。これら3つの主機能を街との交流の中で機能させるために、全体の配置は工房を中央に配置し周りを囲むようにギャラリーを配置する。工房自体を作品の一部と捉え、作業風景をギャラリーから見えるようにすることでより身近に具体的に工芸品を感じられるようにした。アトリエもまた、ギャラリーに接するように配置することで初めてこの街に来るアーティストの制作のための材料ともなる街の人との交流を自然に促せるようにした。街の特徴として、この街には路地が多く存在するが、ブロック塀が立ち並びそれぞれの建物が敷地の中でプライバシーを硬く守っている。街の美しさのひとつとしてコミュニティーをどの程度形成できるかと考えた時、街の誇りである工芸品を扱う施設は敷地の内側にではなく外側に開くべきだと考え街の居場所となるように設計した。

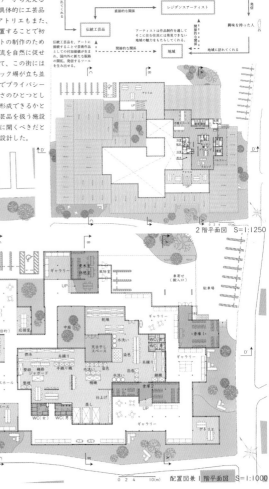

レジデンスアーティストを介入することで仕事が人を呼び、
人がさらに人を呼ぶ上で理想的な循環を促せる。

2階平面図 S=1:1250

配置図兼1階平面図 S=1:1000

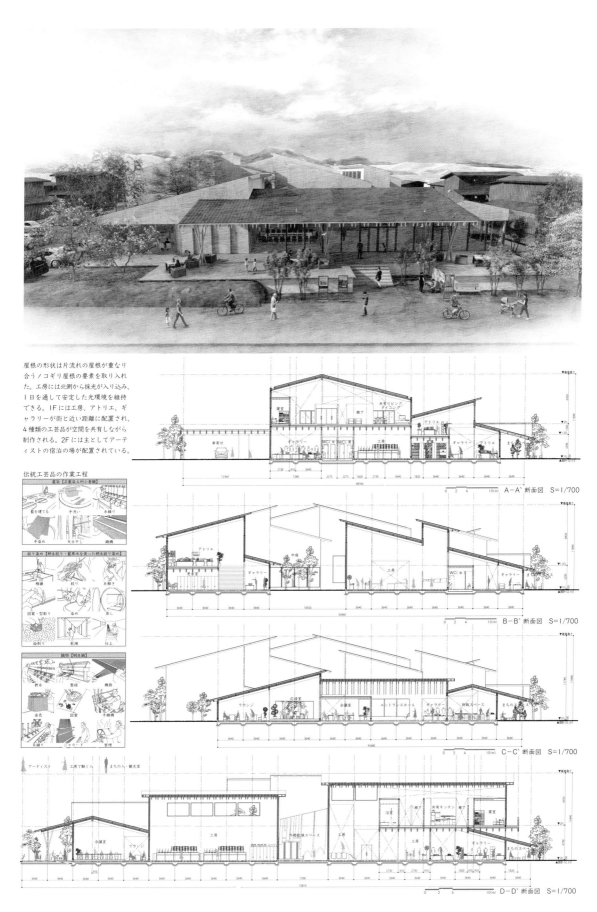

屋根の形状は片流れの屋根が重なり合うノコギリ屋根の要素を取り入れた。工房には北側から採光が入り込み、1日を通して安定した光環境を維持できる。1Fには工房、アトリエ、ギャラリーが街と近い距離に配置され、4種類の工芸品が空間を共有しながら制作される。2Fには主としてアーティストの宿泊の場が配置されている。

伝統工芸品の作業工程

A-A` 断面図　S=1/700

B-B` 断面図　S=1/700

C-C` 断面図　S=1/700

D-D` 断面図　S=1/700

024

本でうまれる

本で生まれる出会いと
本で埋まれる建築

Program 公共図書館
Site 東京都世田谷区梅ヶ丘

情報化社会が進み、本を読もうとネットを開けばAIが検索履歴から興味のありそうな本を選び、人はそれをすぐに読むことが可能となり、便利になった。一方で、まちへ出歩き、物理的に発生する偶然的な出会いが貴重になっている。図書館の資料は平等に並べられ、気軽に本が手に取りやすく、わたしたちと本の偶発的な出会いの可能性を秘めていると考えられる。この図書館の可能性を引き出し、人々がまちなかに出て、貴重な出会いが可能となる建築を構想する。日常の通勤通学、買い物途中または意図せず立ち入った通過点で何か目に入る状況を空間が誘導し、偶発的な本との出会いを誘発する「通過型図書館」を提案する。通過型図書館は公園に溶け込みながら、地域の人の日常を豊かにする。

福村 玲奈
Reina Fukumura

東京理科大学
理工学部
建築学科
垣野研究室

進路 ▶ 東京理科大学大学院

ー本で生まれる出会いと本で埋まれる建築ー
本でうまれる

背景

情報化社会が進み、ネットがあればAIが検索履歴から興味ありそうな本を選び、すぐに本を読むことができる。しかし、街へ出歩き、ふと目に入ったものに惹かれようなネットでは起こらない五感で感じられる「偶発的な出会い」が貴重となる。

図書館の資料は平然と一律に並べられ、地域のものとして保存されている。この並列性と公共性が偶発的に本と出会う機会を与える可能性を秘めている。

 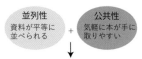

並列性
資料が平等に並べられる
+
公共性
気軽に本が手に取りやすい
↓
偶発的な出会いの可能性

配置図 S=1/10000

敷地

敷地は東京都世田谷区梅ヶ丘の羽根木公園の南東の公園の入口部分を選定。羽根木公園の周辺には駅や商店街、住宅地があり、公園内の西側には梅の木が並び、東側はプレーパークがある。敷地は日常の通過点や公園の訪問者を巻き込む通過点になる。

この敷地に通過型図書館を設け、人と本が偶発的に出会うシーンを誘発し、同時に変わらず公園の通過道となるような空間を提案する。

上動線と下動線

敷地の傾斜にオフセットさせるようにスラブを積層させ、その間に本を埋めると、利用者の向きや位置によって本の見え隠れがうまれる。この本の見え隠れによって、敷地内を本を見て過ごしたい人、通過道として利用したい人の動線をつくった。しかし、敷地内には歩くのに急な傾斜地を持つので、急な斜面では下動線と上動線の人が交わる滞在場所を設けた。

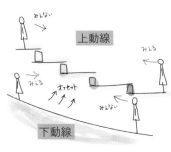 

回遊性と簡潔性

公園の既存の木をよけるように枝分かれしながら道をつくり、回遊性がある道ができる。園の通過道として利用する人は道の傾斜で公園方向か駅方向か判断することができる簡潔も兼ねる。

上動線と下動線が交わる場　S=1/500

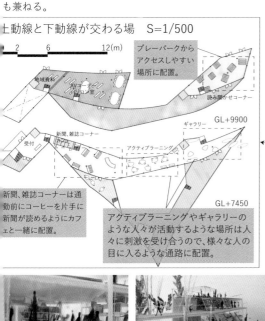

2　6　　　12(m)

地域資料
AVパソコン室
読み聞かせコーナー
プレーパークからアクセスしやすい場所に配置。
新聞、雑誌コーナー
受付
アクティブラーニング
ギャラリー　GL+9900
GL+7450

新聞、雑誌コーナーは通勤前にコーヒーを片手に新聞が読めるようにカフェと一緒に配置。

アクティブラーニングやギャラリーのような人々が活動するような場所は人々に刺激を受け合うので、様々な人の目に入るような通路に配置。

平面図　S=1/2000

0 2 6　12　　24(m)　　N

ケヤキ
児童書エリア
梅
アカマツ
上動線と下動線が交わる場
搬入口
駐車場
搬入、事務所、
閉架書庫、機械室など

本棚サイズ　分類
+700
+350
+525(一段)
+525(二段)
+175(階段)

読み聞かせコーナーは腰高が低くなり、家具が読み手を囲うように段差をつけながら並べられ、読み手の注目をひきつける。

滞在場所での人々の活動の様子が外から見える。

幅300mmの手すりはテーブルになり、人が集まる建具となる。

下から本棚が見える。見上げると不意に気になるタイトルが目に入るかもしれない。

スラブの上から登る時の背色。壁でも本が視界に入り、本の隙間で下動線と視線が通るようにもなっている。

動線の途中で滞在場所が現れる。そのまま通りすぎて上に上がるのも良し。カフェでひと休みするのも良し。

新聞、雑誌コーナーは出勤前にカフェでゆっくり新聞が読める。新聞、雑誌は飾るように並べられている。

スラブの上から降りる時の背色。段差に埋め込まれた本は見えず、変わらず公園の道となる。

と人の関係性とスケールを軸に斜面にオフセットさるスラブの積層のレベル差を考案し、敷地にこれらレベル差のスラブを連続させた。本によって成り立建築となる。

児童書エリア
滞在場所
読み聞かせコーナー
AV・パソコンコーナー

書エリア
5(一段)
や図鑑などきい本や絵高さの段差しの間だけけるような椅子になる。

児童書エリア
+525(二段)
小さい絵本の高さは子供の椅子の高さになる。下からも手が届くように児童書エリアは低めにオフセットする。

新聞、雑誌コーナー
カフェ
新聞、雑誌コーナー
新聞や雑誌は薄く、大きいので、普通の本とは違ってディスプレイするように飾って設置する。

読み聞かせコーナー
大きい絵本や紙芝居のサイズに合わせて奥行きをつけるような積層が読み聞かせの空間をつくる。

+700
人の差尺と本のスケールで生み出される段差。手に取った本がすぐに読めるような本と人の関係性から考慮された。

+350
大きめの本が収納できる段差。下からも届きそうなところに本があり、スラブの上では腰かける段差にもなる。

階段
蹴上の高さの少しの隙間にも文庫本や厚い本を平置きして収納可能。

A'

渋谷建築・
都市文化アーカイブ

都市における
自由な居場所の継承

Program 都市アーカイブを含む複合施設
Site 東京都渋谷区神宮前5丁目53

渋谷区は東京都における3大副都心の1つであり、IT企業等の集まるオフィス街と大規模な繁華街を合わせ持つ。しかし、オリンピック開催に伴う再開発事業の進行に見られるように、同区では人々が気軽に滞在し、交流することが可能なオープンスペースが年々減少している。その結果、これまで渋谷を活気づけてきた都市空間を発祥とするカルチャーが衰退し、新しいイノベーションが生まれにくくなっていると思われる。こうした背景を踏まえ、本計画では、建築や都市空間を中心とした近代以降の東京の歴史や文化を記録、収集、保管し、オープンスペースの使い方を育む場を設けたアーカイブ、家具やものづくりができるFabラボ、子どもを対象とするデジタル分野を中心とした教育施設を提案する。

和賀 一弥
Kazuya Waga

日本工業大学
工学部
建築学科
小川研究室

進路 ▶ 同研究室研究生

○構造ダイヤグラム
鉄の心材を鉄板で挟みこみ縦軸と横軸を交互に組み、間にスラブがくることで建物を支える。渋谷という都市の固有財産の地形から隆起した隆起した構造が格子状になることで抜けを作り、外部と内部空間を隔てない。建築の中にはいることで、人は渋谷の地形の記憶を継承していく。

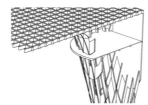

○配置と外構計画
既存の沸溜池と旧稲葉邸を残すように敷地を再編成する。建物を南側に配置することで敷地にアクセスしやすくしている。北側に開けた空間ができ、経済活動とは離れた居場所空間となっている。また、緑地空間として都市の緑のスペースを作る。歴史を残すことで元々持っていた居場所空間と土地の記憶を未来へ継承していく。

都電青山跡
溜池
旧稲葉邸跡
青山病院跡

アーカイブ・地下広場

抜けがあることで人の居場所、活動が見える。地下に大空間があることで外部との対比をしつつ、居心地の良い空間を作る。

◇渋谷建築・都市文化アーカイブ
活動内容
東京の近代以降の都市・建築を対象とした資料、図面、模型等を収集・保管・公開する。近代の東京から順に年代が新しくなっていき、途中階では書物やタブレットなどによる資料閲覧ができる。地下広場では渋谷の公共空間について考える活動を設ける。だれでも参加可能でここを利用し、訪れる人に認知してもらい、これからの渋谷の居心地のいい公共空間を作っていく。

◇Fab 施設
活動内容
Shopbot やレーザーカッター、3D プリンターなどの設備が設置された Fab 施設で、モノづくり体験から普段使いが可能となっている。地下広場での活動を手助けできる場であり、またマルシェなどのイベント時の道具作成など幅広い活動ができる。

◇教育施設
活動内容
子供のころからデジタル機器などに気軽に触れられる活動場所であり、隣の空きスペースでは最新技術に触れあえる場を設けることで様々な体験が得られる。屋内だけでなく屋外の広場をうまく利用した文化活動を行い子どもの居場所空間を作る。

渋谷建築・都市文化アーカイブ

下層から上層に進みながら順路を巡っていく。

Fab 施設

Shopbot 等機械を用いた加工場。○○○もできるワークショップなどを定期的に開く。

教育施設

最新技術のものが触れ合える。子どもたちはここで最先端のものに触れることができることで様々な経験が得られる。

渋谷の公共空間を考えていく地下広場。外からも見えるため中の様子が分かる。

イベント広場

イベントやワークショップができる開けた空間。

だんだん広場

両側の通行人やイベント広場にいる人が休憩できる。

溜池広場

池の周りに屋根をかける。溜池本来の大きさがわかるとともに風景の一部となる。

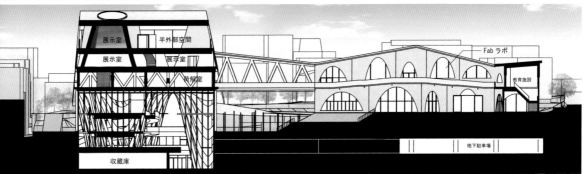

028

誰かの靴を
履いてみること

児童養護施設と
新小岩ルミエール商店街
によるまち計画

Program 児童養護施設
Site 東京都葛飾区新小岩

児童養護施設は社会的養護を受ける子どもが住んでおり、施設退所後の若者たちが社会に出て生活に困った際、頼れる大人がいないことなどが問題視されている。一方、地域社会では商店街が、地域住民の衣食住を支える重要な生活拠点として見直されている。

本設計では、施設を東京都葛飾区新小岩1丁目に設計する。またこの敷地を含むルミエール商店街一帯をまちづくり計画の対象地とし、「誰でも迎え入れるおおらかな商店街に佇む児童養護施設」を提案する。

児童養護施設をきっかけに、地域が子どもをささやかに見守る枠組みがつくられると同時に、本商店街へ行政サービス、コミュニティ活動拠点といったより多様なプログラムが取り込まれることで、地域一帯が、施設を退所した若者を支え続ける。

米ケ田 里奈
Rina Mekata

東京電機大学
未来科学部
建築学科
山田研究室

進路 ▶ 東京電機大学大学院

既存の合理的でローコストなラーメン構造の骨格に子どもの安全拠点である自室を平面に緩やかに配置した。施設内共用スペースでの自分の場所を自ら発見・獲得し子どもたちがそれぞれの家を持って都市のなかに住みつく。(上) まちの中に児童養護施設と商店街を結ぶ接点となる共用食堂をつくり、子どもと商店街に緩やかな関係を結ぶことで、まちが施設退所後も「頼れる家」となる。また、子どもが自立心を育む空間をつくり『自分の生活を自身でつくることができる人』となり退所する。さらに、空き店舗を利用して、"ものを買う"以外のプログラムを商店街に取り込み、色んな人が『ただ居られる』商店街をつくっていく。

施設で子どもたちが暮らす様子。施設1階にある事務所は、一部を地域へ開放し、食堂・テラス・施設一帯の利用ができる(左上) 子どもがひとり静かに過ごす、カーテンで仕切られた隙間の空間を利用した静粛閲覧エリア(右上) 各個室から伸びるベンチで、読み聞かせなどをする広場(左下) ダイニングスペース(右下)

個室の陰になる場所に、バスタブを配置し、日中はバスタブが子どもの過ごす居場所となる。(左上・右上) 商店街から伸施設の食事作りだけでなく、地域活動に利用し、子どもと住民に緩やかな接点を生む食堂(左下) 商店街から伸びる階段を上がると、青空を見ながら誰でも休憩できるスペースが広がる。既存のアーケードにスクリーンを取り付け、屋外映画館になる。(右下)

新小岩駅南口の様子（左上段）本提案をきっかけに，商店街の中で子どもと大人に，ささやかな関わり合いが生まれる（左下段・中央）。
新小岩駅から徒歩１分のルミエール商店街に葛飾区の「子育てに関する窓口」を空き店舗に取り込み子どもを育てる親のサポートを行う。また施設退所後のサポートを行う自立支援コーディネーターもいる（右上段）。本施設と食堂ができたことで，フードバンクと児童養護施設の食堂が連携して子ども食堂の開催をする（右下段）。

３・４・５階平面図（上）３階から５階は子どもの居住スペースで，個室を点在配置し，それらの隙間が共用部となっており，性格付けをすることで，子どもの滞在場所に選択性を持たせる。

南面立面図（左）と北面立面図（右）まちのなかで，子どもたちが自分の家を持ち，自立した生活を送る様子が，外から伺える。

記憶と出会い
思いが継がれる

鍬ケ崎津波避難施設

Program 災害公営住宅
Site 岩手県宮古市鍬ケ崎

東日本大震災から10年が経過しようとしている。私の故郷である岩手県宮古市も壊滅的な被害を受けた。本計画では公園、災害公営住宅および集会所が並ぶ敷地にそれぞれをまとめた複合施設を設計する。住居は2、3階の人工地盤の上に配置されており、各スラブの高さは、過去に観測された津波の到達点で構成されている。それらを支えるのは複雑に配置された柱である。それぞれのスラブは記憶のコアである集会スペースを囲うように構成され、集会スペースでは地域交流が期待される。1階には公園がところどころに配置されているため、子どもたちやお年寄りが足を運びやすい施設となっている。また、災害公営住宅は利用者の減少に伴い、宿泊施設へと転用していく計画である。

直線上に並ぶ柱

北側の様子

スラブ高さ

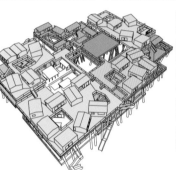

平成23年 東日本大震災 鍬ケ崎地区 7.4m	明治29年 明治三陸地震 蛸の浜 13.6m
昭和8年 昭和三陸地震 宮古市 6.2m	明治29年 明治三陸地震 浄土ヶ浜 10.8m
昭和8年 昭和三陸地震 鍬ケ崎地区 5.4m	昭和8年 昭和三陸地震 蛸の浜 12.4m
昭和8年 昭和三陸地震 津軽石地区 6.6m	明治29年 明治三陸地震 浄土ヶ浜 10.8m
昭和8年 昭和三陸地震 浄土ヶ浜 6.0m	昭和8年 昭和三陸地震 宮古市 10.0m

0 100

舘洞 遼人
Ryoto Tatehora

日本工業大学
工学部
建築学科
竹内研究室

進路 ▶ 日本工業大学大学院

清水公園からの眺め

東側の様子

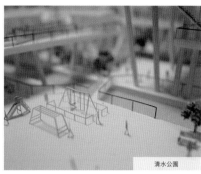
清水公園

レベル差のある人工地盤

避難訓練の様子

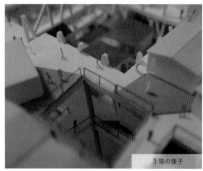
3階の様子

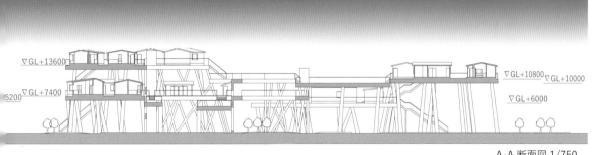

▽GL+13600

▽GL+10800 ▽GL+10000

▽GL+7400

▽GL+6000

5200

A-A 断面図 1/750

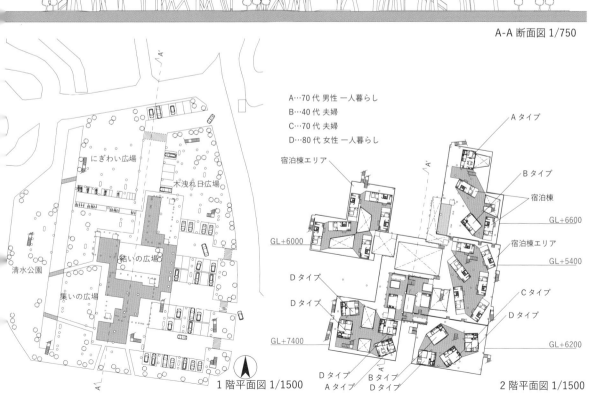

A…70代 男性 一人暮らし
B…40代 夫婦
C…70代 夫婦
D…80代 女性 一人暮らし

にぎわい広場

木漏れ日広場

結いの広場

清水公園

集いの広場

1階平面図 1/1500

宿泊棟エリア

Aタイプ

Bタイプ

宿泊棟

GL+6600

宿泊棟エリア

GL+5400

GL+6000

Dタイプ

Dタイプ

Cタイプ

Dタイプ

GL+7400

GL+6200

Dタイプ
Bタイプ
Aタイプ
Dタイプ

2階平面図 1/1500

LINK

社会の裏側に張り巡らされる
秘密基地空間

Program 複合建築
Site 東京都渋谷区渋谷

近年の社会では、技術の発展とともにデジタル化やシステム化が進んでいる。人々はSNSを介して繋がりを持つようになり、人と人との関わり方にも変化が生まれた。「情報」により操作された世の中で人々は、巻き起こるブームに翻弄され、ネット上では終わりのない論争を繰り広げる。私たち一人ひとりの本当の幸せとは一体何だったのだろうか。

社会の裏側に、誰かにとっての癒し、幸せという存在、それだけの為のコアな空間があったら…

まるで、人目につかないところに巣をつくり生活をする虫たちのように、知られざる空間が張り巡らされていたら…

古岡 ひなの
Hinano Furuoka

東京電機大学
未来科学部
建築学科
日野研究室

進路 ▶ 東京電機大学大学院

居場所のつくられ方と隣り合わせのビルによる効果

ボリュームの一部が削られる

看板裏

屋上空間

付け足され外でつながる

隙間を利用する

分かれる

一部がランダムに飛び出しつながる

視線が繋がる

ボリュームの外側に通り道が付け足され居場所が生まれる。

手前と奥が壁で仕切られ、同一階に別の空間が並ぶ

ボリュームの一部が切り取られ、そこに居場所が生まれる。

空間を段差によって仕切る。連続した別空間を認識する。

吹き抜け空間
隣り合うビルの床からスラブが伸び、ビル同士を繋げる。上から下までが吹き抜けとなり、空間に縦のつながりが生まれる。

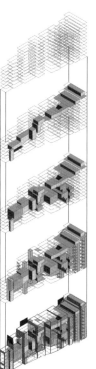

Space by building

個性を尊重し合える仲間が集う大人の秘密基地の設計（改修）

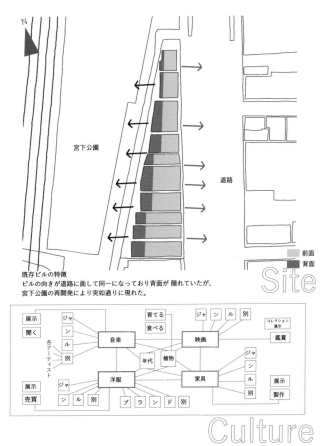

既存ビルの特徴
ビルの向きが道路に面して同一になっており背面が隠れていたが、
宮下公園の再開発により突如通りに現れた。

Site

Culture

元の雑居ビルのカタチを維持しながらも内部には想像もしない空間が広がっており、その中で個々が混じり合いながら文化を育んでいく。
人々は実空間のなかで人や物と出会いながら「自分の好き」を深めていくことの大切さを思い出し、新たな価値観に出会う。

034

きづく

―流れる音楽、彷徨う私、
見つける物語。―

Program 音楽空間
Site 千葉県夷隅郡大多喜町

音楽には物語があり、情景がある。誰もが音楽を聴きながらその音楽の物語を想像し、様々な感情を抱く。物語や情景の感じ方は、人それぞれで答えはない。しかし、ホールなどで聴いているとき、その想像は頭の中だけで終結してしまう。そこで、音楽を好きなように聴き、物語を想像し情景に合った居心地の良い場所を求め、抱いた感情を彷徨う空間の中で膨らませ、新たな音楽物語を各々がつくることができるような音楽空間を提案する。

小宮 莉奈
Rina Komiya

日本大学
生産工学部
建築工学科
篠﨑研究室

進路 ▶ 日本大学大学院

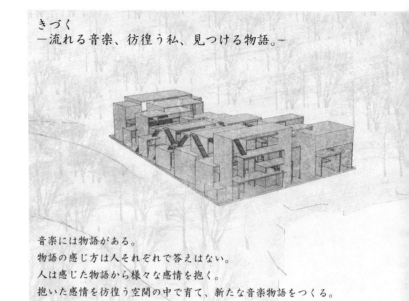

きづく
―流れる音楽、彷徨う私、見つける物語。―

音楽には物語がある。
物語の感じ方は人それぞれで答えはない。
人は感じた物語から様々な感情を抱く。
抱いた感情を彷徨う空間の中で育て、新たな音楽物語をつくる。

気づき、築く

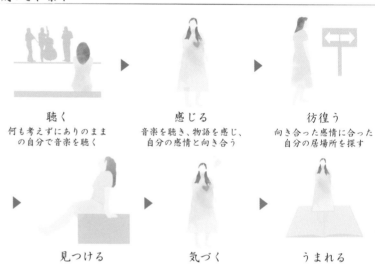

聴く
何も考えずにありのままの自分で音楽を聴く

感じる
音楽を聴き、物語を感じ、自分の感情と向き合う

彷徨う
向き合った感情に合った自分の居場所を探す

見つける
音楽の物語や自分の感情に合う居場所を見つける

気づく
居場所で新たな音楽の物語や感情に気づく

うまれる
自分の中で新たな音楽の物語や感情がうまれる

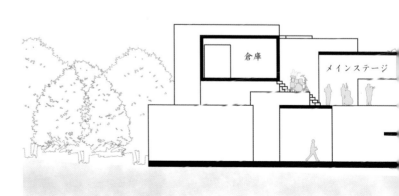

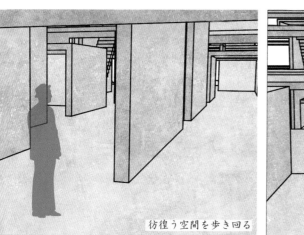
彷徨う空間を歩き回る

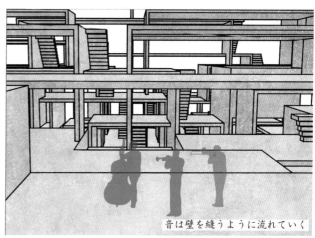
音は壁を縫うように流れていく

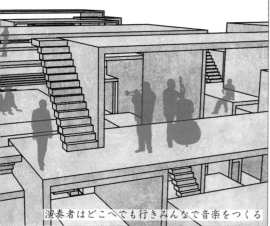
演奏者はどこへでも行きみんなで音楽をつくる

演奏者が見えないところがある

閉鎖的な空間で音楽を感じる

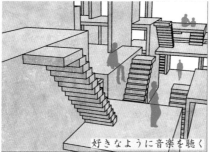
好きなように音楽を聴く

自分の居場所を見つける

自然を感じながら音楽を
楽しむことができる

演奏者はステージだけではなく
点在することができる

演目に関する
展示室

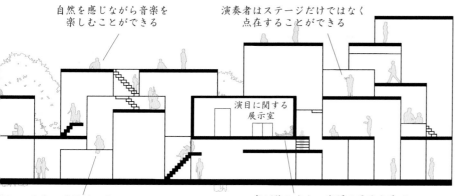

自分の居場所を見つける
ことができる

音が聴こえない空間で展示を見て
音楽を感じることができる

断面図

Catharsis

―渇望する地域交流拠点―

Program 複合交流拠点
Site 群馬県邑楽郡下仁田町

現代はインターネット、SNSを多用することにより、他者を意識し、自身と比較してしまう競争社会という形態が一層強まる。多くの人間は「息が詰まる」「ストレス」「ネガティブな感情」を感じる。群馬県邑楽郡下仁田町は少子高齢化、人口減少の度合いが日本で13番目に高いと言われる自治体である。そのような地に、都市部での生活に疲れてしまった人間が身を移し、新たな未来に向かう心の拠り所となる建築を考える。計画地である農地を「育てる」という初源的な行為を通して、現代の人間の心身に影響を与え、都市との結び目として、また、交流をもたらす新たな農地に「再構築」させる。都市部の人間の癒しへの渇望、下仁田の人間の人口への渇望を浄化できる、自然に溶け込む1つの拠点を提案する。

側道から見る

小池 健藏
Kenzo Koike

ものつくり大学
技能工芸学部
建設学科
今井研究室

進路 ▶ 就職

諸室が入り込む

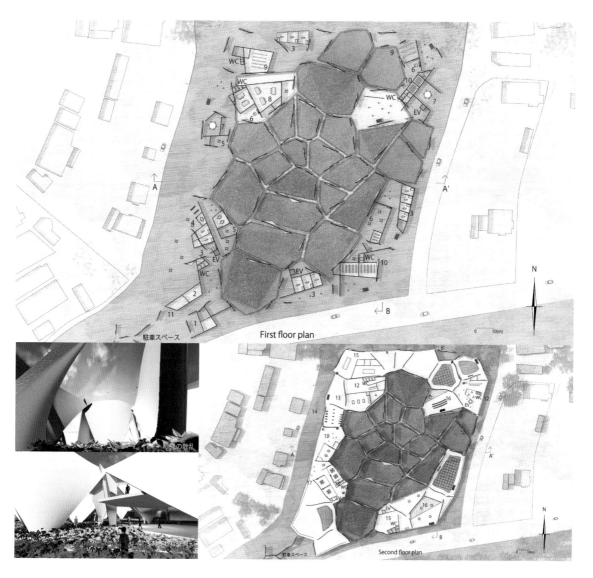

First floor plan

Second floor plan

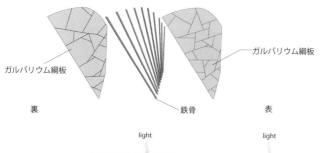

ガルバリウム綱板

ガルバリウム綱板

裏　　　　　　　　　　　鉄骨　　　　表

農地に加え、住戸、研修室、オフィスなどの諸室が点在している。外部と内部を隔てる壁は鉄骨の軸に仕上げをし、作られている。膜構造により、様々な光の入り方、多くの変化が起こる。

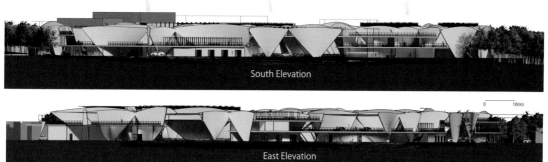

South Elevation

East Elevation

GRADUATION
DESIGN CONTEST
2021

埼玉建築設計監理協会主催　第21回 卒業設計コンクール　**作品集**

発 行 日　　2021年8月31日

編　　著　　埼玉建築設計監理協会

発 行 人　　岸 隆司
発 行 元　　株式会社 総合資格　総合資格学院
　　　　　　〒163-0557　東京都新宿区西新宿1-26-2 新宿野村ビル22F
　　　　　　TEL 03-3340-6714（出版局）
　　　　　　株式会社 総合資格 ·················· http://www.sogoshikaku.co.jp/
　　　　　　総合資格学院 ·························· https://www.shikaku.co.jp/
　　　　　　総合資格学院 出版サイト ········· https://www.shikaku-books.jp/

編　　集　　株式会社 総合資格　出版局（藤谷 有希）
デザイン　　株式会社 総合資格　出版局（三宅 崇）
表１作品　　神谷 政光「ヒトダマリ 調節池を活用した立体公園」
表４作品　　磯永 涼香「記憶の欠片をそっとすくう 人間魚雷『回天』の歴史を巡る出会いと別れの島」
印　　刷　　シナノ書籍印刷株式会社

ISBN 978-4-86417-404-6
Printed in Japan